U0936934

珍藏本·增订本

纪念版

汉译世界学术名著丛书

政治经济学的特征与逻辑方法

〔英〕约翰·埃利奥特·凯尔恩斯 著

刘璐 译

商务印书馆
SINCE 1897
The Commercial Press

John Elliott Cairnes

THE CHARACTER AND LOGICAL METHOD OF POLITICAL ECONOMY

（2nd edition）

New York：Harper & Brothers. London：Macmillan and Co.1888

本书根据纽约哈珀兄弟公司和伦敦麦克米伦公司 1888 年版译出

汉译世界学术名著丛书
（120 年纪念版·珍藏本）
增订本出版说明

2017 年 10 月，为纪念商务印书馆创立 120 周年，本馆推出“汉译世界学术名著丛书”（120 年纪念版·珍藏本），计七百种。近五六年来，仰赖学界同人倾力支持，订正旧译，增补新译，拓展新著，积累日多。为满足读者需要，本馆在七百种的基础上，继续推出“汉译世界学术名著丛书”（120 年纪念版·珍藏本·增订本）三百种。至此，“汉译世界学术名著丛书”累计出版已达千种。

今后，本馆将继续推进丛书的翻译出版工作，在积累单本名著的基础上陆续分辑刊行，汇印出版。为促进中外文明互鉴、推动我国学术发展，使“汉译世界学术名著丛书”这项对我国学术文化有基本建设意义的重大工程发挥更大作用，诚望海内外学术界、翻译界继续给予支持，帮助我们把这套丛书出得更好。

商务印书馆编辑部

2024 年 2 月

汉译世界学术名著丛书
（120 年纪念版·珍藏本）
出 版 说 明

2017 年 2 月 11 日，商务印书馆迎来 120 岁的生日。120 年前，商务印书馆前贤怀揣文化救国的理想，抱持“昌明教育，开启民智”的使命，立足本土，放眼寰宇，以出版为津梁，沟通中西，为中国、为世界提供最富智慧的思想文化成果。无论世事白云苍狗，潮流左右激荡，甚至战火硝烟弥漫，始终践行学术报国之志，无改初心。

迻译世界各国学术名著，即其一端。早在 20 世纪初年便出版《原富》《天演论》等影响至今的代表性著作，1950 年代后更致力于外国哲学和社会科学经典的译介，及至 1980 年代，辑为“汉译世界学术名著丛书”，汇涓为流，蔚为大观。丛书自 1981 年开始出版，历时三十余年，迄今已推出七百种，是我国现代出版史上规模最大、最为重要的学术翻译工程。

丛书所选之书，立场观点不囿于一派，学科领域不限于一门，皆为文明开启以来，各时代、各国家、各民族的思想与文化精粹，代表着人类已经到达过的精神境界。丛书系统译介世界学术经典，引领时代思想，为本土原创学术的发展提供丰富的文化滋养，为推动中国现代学术和现代化进程做出了突出的贡献。

为纪念商务印书馆成立120周年，我们整体推出“汉译世界学术名著丛书”120年纪念版的珍藏本，寄望既利于文化积累，又便于研读查考，同时向长期支持丛书出版的译者、编者和读者致以敬意。

两甲子后的今天，商务印书馆又站在了一个新的历史时间节点上。我们不仅要铭记先辈的身影和足迹，更须让我们的步伐充满新的时代精神。这是商务人代代相传的事业，更是与国家和民族的命运始终紧密相连的事业。我们责无旁贷，必须做好我们这代人的传承与创造，让我们的努力和成果不仅凝聚成民族文化的记忆，还能成为后来人可以接续的事业。唯此，才能不负前贤，无愧来者。

商务印书馆编辑部

2017年10月

译 者 序

苍穹只可管窥一豹，蚍蜉却能细致入微。我们可以轻而易举地把物质世界分解成基本元素，而对于浩瀚的宇宙，似乎未知永远多于已知。当把这一观点应用到一门科学时，我们也不得不承认，研究一个具体问题的难度远小于研究这门科学的基本原理。任何一位研究者，倘若想在宏观层面很好地把握他的研究，那这位研究者也必定是一个学富五车之人，对于政治经济学这门"尚存争议"的学科而言尤其如此。经济学家约翰·埃利奥特·凯尔恩斯的力作《政治经济学的特征与逻辑方法》提供了这方面的一个典范。

约翰·埃利奥特·凯尔恩斯(1823—1875)，英国经济学家，常被后人称为"最后的古典经济学家"。凯尔恩斯1848年和1854年于都柏林的三一学院(Trinity College)获得文学学士和文学硕士学位，后来学习法律，早年从事过律师和报社工作。1856年被惠特利基金会委任为政治经济学教授。1857年出版的《政治经济学的特征与逻辑方法》(第一版)就是他第一年授课的讲稿。1861年凯尔恩斯获得高威女王学院(Galway Queen College)的邀请，成为该校的法律与政治经济学教授。1866年凯尔恩斯进入伦敦大学学院任政治经济学教授。他也是最早容许女生进入大学课堂的教授之一。1872年凯尔恩斯以伦敦大学学院政治经济学荣休教授身份退休。

我们翻译的是经过作者补充和完善了一些内容的《政治经济学的特征与逻辑方法》第二版。整体来看，凯尔恩斯的这部书是自约翰·穆勒的《政治经济学原理》问世以来对形成英国学派的政治经济学观点具有最重大贡献的著作。毫无疑问，他对经济学理论的发展具有重大的推动作用，他提出的许多观点几乎可以与大卫·李嘉图和穆勒的工作相提并论。

第一，凯尔恩斯重申，政治经济学的研究对象是“探究财富生产和分配的规律”，政治经济学是一门科学，因此它关于社会事实或社会系统的结论是完全中立的。“它既与自由放任无关也不涉及共产主义；既与契约自由无关也不涉及强权政治或地位尊卑。它独立于其他特殊的体系之外，而且，还在这些体系中显得完全中立。”政治经济学仅仅是追踪财富现象之间的必然联系，并没有向实践提供规则。而且，凯尔恩斯既完全反对把政治经济学作为社会科学的一个组成部分，又反对把经济学作为应用数学的一个分支。

第二，凯尔恩斯认为，政治经济学的前提假设同时来源于“物质规律”和“精神规律”。“政治经济学这门科学对物质世界和对人类精神世界的规律的依赖是均等的——当前一个规律的性质发生变化时会同等地影响后一个规律。”“政治经济学既不属于物质门类，也不属于精神门类，而是处于中间位置。”政治经济学研究的范围界限是“在探究财富的现象及其产生的原因和规律时……他（经济学家）会发现他接触的一些物质或精神事实、政治或社会制度的现象并不属于经济范畴，一旦到这种程度，他就已经达到其研究目的了，而这些原因应该被看作是与经济学相关的终极原因。并不是说这些原因不具有进一步分析和解释的价值，而是这些分析和解释已不是经济学家的工作”。

第三，凯尔恩斯认为，物质科学发展到当时阶段，纯粹的归纳法并不适用于政治经济学，演绎法应该是政治经济学的主要研究方法。“物质科学中的先例教会经济学家的是要把演绎法视为其主要的研究方法；只要条件允许，把通过观察和经验而得来的事实作为验证由此获得的结论的方法，同时找到事实与其理论推理间的差异之所在，进而确定导致这些差异的干扰因素的本质。”而且，通过以“统计数据”为基础的调查研究方法联系演绎推理可以发现“影响经济现象的微小因素”，研究次要因素对经济规律的影响及作用。作者以“生产成本决定可自由生产的商品的价值”这一经济学规律为例解释了以统计数据为基础的调查研究方法对经济学研究的适用性，也论证了经济规律应该是一种假设的真理，而不是确定的真理：它代表的不是实际发生的，而是趋向于发生的，或者是不存在某些干扰因素的情形下将要发生的。

第四，凯尔恩斯认为，虽然政治经济学是一种科学，但它毕竟以人性原理作为前提假设，所以，政治经济学无法像物质科学中的规律那样，达到用精确的数值表达式表述出规律的那种完美程度。而且，“即使政治经济学的逻辑推理是完全正确的，其解决方案也可能是不完美的”。

第五，凯尔恩斯认为，当时，政治经济学中的一些较为基础性的概念已经构建起来，并能够比较精确地运用，但“所有的定义只能被看作是暂时性的”，该学科还远没有定论。在政治经济学中，好定义的标准应该是它能够准确地表述财富现象中事件和对象的特性。好的定义应该反映出事物本身最重要的差异;好的命名应该兼具重要性和技术性的统一。政治经济学这门学科已经通过日常语言发展起来,要在正确分类容许的前提下,使经济学术语的定义与日常用语尽量贴近,同时应该保证经济术语的清晰度和明晰性。

以上就是凯尔恩斯在这部著作中提出的引人深思的观点,我们尝试着总结于此,希望能在各位读者阅读本书时有所帮助。

我们翻译《政治经济学的特征与逻辑方法》这部书时,发现从头至尾作者都以近乎辩论式的语言在探讨一门学问,我们不得不为他的学识之广博、逻辑之严密而深深折服。这部书的另外一大特征是,凯尔恩斯不仅能够在与其他政治经济学的研究者论辩之后而以哲学家式的思维提出他的观点,亦能信手拈来地拿物理学、化学、生物学等其他学科的例子作为论据进行鞭辟入里地分析。无论是对政治经济学的基本原理进行阐述,还是在长过正文的注释里对话其他学者,他的思辨性和逻辑性都会让人由衷佩服。读一本好书,能带给我们的益处,就犹如苏东坡画竹前的胸有成竹和庖丁解牛般的游刃有余。倘能在合下书页的一刻,顿感如此,那么每一位读罢此书的人都应感到惬意。

同时,我们应该认识到,作者是有时代属性的。19 世纪的欧洲文明在赋予作者以哲学思维、自然科学规律、工业化社会等一系列优势的同时,也不能让作者脱离时代而研究政治经济学,特别是在经济学依然处于初始阶段的时候。作者对政治经济学基本原理的研究当然令人信服,但他没能认识到数学在经济学上的重要性以及新事物的出现及其社会化发展会对经济学产生的变革多少让人感到遗憾。不过，经典之于流行，就如流星之于稳定的恒星。所以，我们才依然能够阅读和学习这部一百多前的著作。这应该成为我们对于处在不同时代下的经典作家们心怀崇敬与感激的缘由。

事物都在发展变化，知识也在不断更新，我们对一门学问甚或对自然都在产生新的认识，这也促进着我们自身的进步。今天，经济学的形态和内容已然不同于作者所处的时期，我们不断运用新的思考方式和新的工具来处理经济问题。然而，有一点似乎我们不应忽略，那就是“回归本源”。万事万物都有返璞归真的趋势，这是大自然的基本规律，经济学作为一门科学存在，无论其如何发展变化，也必然要记住它得以存在的根本，以及它最初存在时所提出和解决的问题是什么。

作为译者，我们希望每一位读到这本著作的人都能从中获得些许裨益，并形成自己对政治经济学的认识和理解。

《政治经济学的特征与逻辑方法》这部书翻译的过程异常艰苦，作者强大的逻辑能力和思辨能力直接体现为句子长度极长、用词非常生僻，而且书中引入大量法文、拉丁文典籍，这些都给翻译工作带来了巨大的挑战。幸运的是，翻译这部书的主要时间恰逢在挪威科技大学经济系做访问学者，在特隆海姆那个静谧、安宁的北欧小镇，科研、教学工作相对压力较小，可以在挪威科技大学的图书馆找到书中绝大多数引文的原版书籍，得以细细品味大师们的经典名著，也别有一番韵味！此外，这部书的翻译得到了我的研究生韩浩的鼎力支持，韩浩同学不仅做了一些章节的初稿翻译工作，还不辞辛苦多次帮助我校对译稿，我的感谢之情无以言表。同时，我的研究生王晓曦同学也参与其中一章初稿的翻译，在此一并致谢！我的大学同学黄翠林女士，旅居法国多年，对书中所有涉及法文的翻译进行了校对。商务印书馆的李彬编辑，为本书的出版做了很多重要工作，我也深表谢意！

译者

东北财经大学师道斋

2015 年 7 月

目 录

第二版序言

这本书收录了17年以前发表于都柏林的一些讲稿，在其新版本向大众发行之际，有必要做一些解释。关于之前提出的实质性观点，即关于政治经济学、政治经济学的论证方法及其发展的观点，这一版本与第一版完全一致，不过在形式和处理方法上有了较大变动。许多章节都做了重新修改，第一版中仅是略有涉及的案例在本版中加大了篇幅，这一版本还增添了一些全新的观点。其中关于"定义"一讲便是新增添的内容。我衷心希望本书的结构相对于前一版本而言能稍显出自己的价值，以不辜负它受到的喜爱。然而，没有人能比作者本人更清楚这一版距离其心中理想的预期还相差多远。

关于逻辑方法的问题，最近讨论甚多，而这是在本书第一次出版时尚未被人们注意的——我指的是数学在经济学理论发展中的运用问题。当时人们对待这一问题的立场是，考虑到政治经济学前提假设的来源，这一学科并不承认数学的处理方法。此后，我的朋友杰文斯(Jevons)教授出版了一本见解独到的书——《政治经济学理论》，在书中他提出了相反的观点。随后，几个本国和欧洲大陆的学者都遵循着他的观点继续进行研究。在尽自己所能考察了杰文斯教授的论点后，而且只要这个学科对在数学领域并不精通的人来说还可行，我仍然坚持自己原来的观点。在我看来，经济学理论不是借助数学工具就能够发现的。假如这一观点是不正确的，我随手就可以找到反驳它的方法——之前不为人知的经济学理论都是用数学方法得出的，但我并不清楚到目前为止是否有任何证据能够证明数学方法的有效性。在坚持这一立场的同时，我无意否认，采用几何图形或者数学公式等其他方法同样能表示经济理论——也许有些人会认为采用数学模型描述经济学问题有其优势。而我斗胆反驳的是杰文斯教授及其他一些人提出的观点——经济学知识可以通过数学方法获得发展，数学能够被应用到经济学理论的发展中，正如数学已经被用于力学和其他自然科学理论一样。除非心理情感能够被精确地量化表示，或者经济现象并不取决于人类情感，否则，对于这些结论，我还是看不出怎样才能解释得通。杰文斯先生说："政治经济学的理论，大部分都必须数学化，因为数学处理的是数量以及各种数量之间的关系。"如果我没弄错的话，想要支持杰文斯先生的这一结论还需要更多论据。

我保留了大部分讨论的原稿，但当时讨论的一些问题如今看来已失去了曾经有的实际价值，因为之前一些例子中的推测如今已成为普遍承认的事实。然而，与在第一版中首次作为经济方法的原理被提出相比，它们并不会逊色。最后，我想借此机会再一次对我的朋友内斯比特(Nesbitt)教授表示深深的谢意，善良的他一如既往地帮我校稿，这极大地减轻了我当前的工作。

约翰・埃利奥特・凯尔恩斯

伦敦东南区基布鲁克(Kidbrook)公园路

第一版序言

获得政治经济学的惠特利教授资格（Whately Professorship）的一个条件是，该教授每年必须至少发表一篇报告。在接下来的篇幅中，我斗胆超越这一要求，因为我所选择的这一题目，最适合我开设的公开课，没法随意地被压缩到一篇报告中。

至于本书中所提到的观点，为了防止读者误解，有必要在一开始就声明：它不是任何经济学研究的新方法。与之相反，我的目标是将关于政治经济学的讨论带回到曾经的那个年代，那个在当今的许多著作中已被人们完全忽视，而曾经却被认为是经济学理论基本判断准则的标准的年代。着眼于此，我竭尽所能地去探究并清晰地阐述政治经济学的特征。这一学科已由不少学者进行了持续的研究，其中最为著名的有亚当·斯密（Adam Smith）、马尔萨斯（Malthus）、李嘉图（Ricardo）、穆勒（Mill），他们的研究涵盖了从政治经济学的特征到应用于政治经济学的推理中的逻辑方法。然而，我仍希望进一步探寻以巩固这些结论。为了得出这些结论，我运用了曾经成功引领了自然科学领域的许多非凡成就的类似方法。

也许有人认为，如果我不去探究这些理论的逻辑原则，而是通过探索新的领域而研究这些理论在实际中的运用将对经济学的发展更有裨益。对此我只能回应,流行于当今政治经济学学者中的观点存在许多根本性的矛盾。这些矛盾是如此之突出,以致对我来说,像许多经济学家一样,在面对这个学科中的困惑和矛盾时无别的路可走,只能重提那些决定理论的重要性和论据价值的基础性要点。倘若忽视这些矛盾的观点,继续探究原理(即便这些原理的根基常常被抨击),将会使该学科的研究近乎徒劳无益。

着眼于这一目标,在讨论经济学方法时,我必须首先阐述目前的观点中存在分歧的那些话题。在这一过程中我常常会引用现在一些学者的观点,但这仅仅是为了对他们的观点进行反驳。我竭力避免整个论证的过程与最后的结论不符,但也许这个论证过程占据了全书太大的篇幅。

同样,我对全书注释的数量之多和篇幅之长感到歉意。正如我之前所述,这一学科的本质要求我常常引入当今具有争议的话题。在本书中,我每至一处原理都会停下来讨论,以便为大家介绍当前对该学科原理的一些反对意见,然而这可能会打破全书思想的连贯性,难免会削弱全书整体论证的力量。然而,如果不加关注而全部一笔带过,那么对于那些倾向于接受这些观点的读者来说恐怕效果会更不令人满意。因而我对自己的轻率深感愧疚,这样的轻率就好像一位入侵他国的指挥官在后方留下了大批未占领的堡垒。在这样的情况下,我只好求助于仅有的其他途径——将这类讨论转移至注释中,如果论述的篇幅对于注释来说实在太长则直接转移至附录中。

约翰·埃利奥特·凯尔恩斯

第一讲 导论

第一节

在开始讲授政治经济学的正题之前，我也不能免俗地夸耀一番这一学科近期取得的成果，尤为令人满意的成果是政治经济学的一些原理已经被广泛地写入国家的商业和金融法规，尽管有些还只是部分认可。这些新近成果的重要性再怎么夸张也不过分，而且毋庸置疑，政治经济学理论近几年来获得了有益的修正和发展。不过与此同时，我觉得也必须承认，这一学科整体的现状和发展前景并未达到政治经济学家一致满意的状态。

距离托伦斯上校（Colonel Torrens）写下下面这句话已经过去了 1/4 个世纪："在人类思想的发展过程中，对于科学中任何分支的耕耘者而言，争论期总是先于认同期而出现。就政治经济学而言，争辩的时期正成为过去，意见统一的时期正迅速来临。因此，从现在起二十年后对于该学科的基本原理人们将几乎不存在质疑。"[1] 如今，这一预言不幸已经发布了三十五年，然而在涉及人口、租金、对外贸易、各种不同类型支出的分配效应、价格理论等该学科基础内容方面的问题仍未解决，并必须仍要被看作是"开放性问题”——倘若这一表达可以用来形容那些被激烈争论的话题的话。不仅仅是那些对政治经济学略知一二、一知半解者对此争论不休，这一学科的资深专家和公认的学者也同样参与其中。[2]到目前为止，争论期似乎并未过去，而是才刚刚开始——我的意思是，不仅那些居于次要地位的命题或者是经济理论的实际运用（因为这样的争辩仅仅是一个学科活力的象征，是学科发展过程的一个条必经之路）存在争议，而且构成政治经济学论证根基的那些基本原理也存在争议，后者就是托伦斯上校写下上面那些话时认为已经解决的问题。

基本命题的这种不稳定和不确定的状态对于政治经济学的顺利发展而言毫无疑问是不利的——在浮沙之上不可能建立起稳固恒久的大厦；此外，怀疑论重燃的危险也步步紧逼，这种对经济研究的怀疑态度曾一度极大地阻碍了经济学的进步。诚然，希望政治经济学能像数学或物理学那样迅速而稳步地发展并不现实。正如人们经常指出的那样，政治经济学的基本原理与伦理学关系密切，这使得它时常陷于与道德情感和已有观念的碰撞中，而在基本原理的讨论过程中道德情感与已有观念本身却无法体现出来；政治经济学的结论则与政府活动密切相关，会对人类追求幸福生活的行为产生直接的、显而易见的影响。再补充一点，政治经济学的专业术语都来源于日常语言，并且或多或少不可避免地受到口语散漫性的影响。因此，经济学讨论并不一定意味着像对待数量、范围或者宇宙物质属性的观点一样，非得目标单一、表述严谨、论证严密——但成功的结论是一样的。

毫无疑问，这些观点可以解释经济学研究进程中出现的大部分的反复无常和不稳定性，但我并不认为仅用这些便能解释目前该学科在基本原理方面的摇摆不定及令人不满意的现状。为了理解这一点，我认为我们必须关注那些具有重要特征的情形，特别关注政治经济学在实践中已经取得成功的那些处理经济问题的方法所产生的效果——实行自由贸易的国家其商业发展更迅速、更广泛即是例证。

当政治经济学仅以其自身适当的、固有的论据而引起公众的注意时，那些未曾认真学习并掌握其基本原理的人便无法称自己为政治经济学家；同样，那些在讨论经济问题时未时常提及该学科公认原理的人也不能被认为是政治经济学家。但是，当自由贸易的巨大成功给予经济学家们所依赖的这些原理以公正的试验性证据之时，开展经济学讨论的模式以及参与研究政治经济学的人们的层次都发生了显著的变化。许多人现在把自己看作政治经济学家，却从来不曾努力学习这门学科的基本原理；还有一些人，或许他们的能力不足而无法领会这一论据却仍然加入到队伍中。然而即便是那些已经掌握了基本原理的人，由于急于讨好大众读者，常常抛弃了这一学科的真正基础，而是试图在事实中以及自由贸易的结果中为该学科寻找更流行、更显著的论据。[3]这就好像数学家们为了拉拢新的支持者加入自己的队伍，同意放弃分析方法，而将数学公式的正确性依赖于相应天文事件的年历一样。19 世纪早期，政治经济学的研究者以严谨、逻辑性强的风格见长，现在这种风格已经变为迎合不同听众的特点来阐述自己的观点。人们一直认为政治经济学的讨论更具有统计学的特征；然而现在变成了如下情景：结论比原理本身更具有吸引力；运算法则正代替归纳推理

的精髓;[4]甚至连研究的真正过程都几乎被遗忘,政治经济学有重蹈阿塔兰忒(Atalanta)命运的危险。

“停下奔跑的脚步,弯腰去拾金苹果。”

穆勒先生注意到了这一点,他说:“在现存的无论哪个学科中,在那些从事这一学科的人中存在的所谓原则的差异,不同于事实或细节的差异,其原因在于他们对该学科在哲学方法上的概念存在差异。无论是有意识的或是无意识的,不同派别之间的差异都是由涉及这一学科的论证本质的不同观点引起的。”[5]如今我惊奇地发现,与“原理差异”的情形一样,这正是我之前提到的目前在经济学家中广泛存在的问题,因此,作为这个讲座的开明的发起人,我认为与其在这个讲座中陈述这些观点,不如给自己一个在本课程开篇就提到的机会:更深入地思考经济学的本质、目标和局限性,以及作为一个科学研究的主题,经济学研究最合适的方法。

在讨论政治经济学的本质、局限性以及合适的方法时,我应当首先摒弃这一学科中众多偏颇的观点——它们有些是道德方面的,有些是宗教方面的,还有一些与我们的心理特质相关,而这些都极大地阻碍了政治经济学早期的发展。若想进一步探究这些观点,你要花费时间再次重温那些之前已经详细研究过的基本原理,当然你可以在其他层面或更有益的层面去重温它们;而我则将自己的精力用于与那些反对意见的斗争中,尽管有些反对意见已经不复存在,有的即使仍然存在,也不断被驳斥——驳斥得那么全面而无法争辩。对于这些反对意见,我真的已无法再指指点点,我觉得我把它们用自己的语言解释出来只会削弱它们的力量。[6]

因此,课程伊始,我应当理所当然地承认,“财富”这一政治经济学的核心论题，是易受科学研究方法影响的；承认存在财富生产和分配的规律；承认人们在工业化行为中并不仅仅受任意性和偶然性支配，而且受普遍而常见的动机支配——这一现象被发现、归类，并服务于后续推导得出的原理。我还应当进一步理所当然地承认，财富的生产和分配规律方面的知识是人们想要得到的有用的知识，无论是作为自由主义教育的一部分，还是将其运用于实践目的。再进一步说，这样的知识更有可能通过专心而系统的研究而获得，而不是通过所谓人类实践中的常识而获得——这是那些非方法性经验的粗略猜测的别名。最后，我还应当承认，对这些原理以及人类行为动机如何在追求财富过程中运行进行研究，与情感、宗教责任以及道德并不矛盾。

第二节

在较为精确地确定了政治经济学研究的特征、目的以及完成研究所需要的条件之后，接下来我们要考虑的当然是如何给政治经济学下一个合适的定义。但这里有必要说句公道话，对于政治经济学的定义这一问题如今已达成了相当广泛的一致意见——尽管并非所有在经济学方面有所著述的学者都真正统一了意见（那他们究竟对于什么形成了统一意见？），但至少以亚当·斯密为创始人的学院派经济学家以及近年来最杰出的研究者约翰·斯图尔特·穆勒（John Stuart Mill）在这一问题上取得了统一意见。据我所知，这一学派的所有学者尽管在政治经济学的基本假设或研究这一学科运用的方法上持有不同意见，但至少他们一致同意将政治经济学描述为关于财富的科学。那么这意味着，在我希望你们关注的一个非常重要的观点上已经达成一致意见。

根据这一观点，你就会注意到，财富构成了政治经济学研究名副其实的唯一主题——而这正是该学科直接关注的首要问题。目前流行的各种反对意见主要针对的是这一学科的研究基础，正如上文已经表述的“财富是政治经济学研究的唯一主题”。由于前面已经阐明的原因，我并不想再深入强化这一点。我只会给出评价，所有这些反对意见几乎都在一点上自圆其说——政治经济学的研究范围并未囊括一些重要事项。有一种反对意见似乎建立在这一假设上，即政治经济学本应成为教育通识课程，而不是作为探究某一具体领域真理的方法。[7]因此最近有一位作者在《北英评论》(*North British Review*)上轻蔑地将政治经济学描述为“一门零碎的科学”。这一反对意见的价值是什么？作者是想说政治经济学是通用知识的一个碎片吗？这也许被认为是理所当然的，然而这一反对意见的要点并不明确，除非我们假设他的目的在于主张一些“伟大而全面的科学”，例如泰利斯(Thales)和他同时代的人在研究“事物的本源是什么？”时持有的观点。的确，倘若说科学发展的历史让我们看得更清楚，那就是人类研究通常只是部分地成功，正如反对者苛刻而清晰地定义的那样；也就是说，那部分科学是“零碎的”。

通览当下流行的反对意见，我们不能否认政治经济学仅着眼于财富这一单一主题的局限性，或者换句话说，政治经济学是专门研究经济现象分类的一门独特科学——这一点一直以来都被有声望的权威学者反对。持有这一观点的学者中最为著名的或许应属

孔德(Comte)先生。他认为,社会所展现出的各种现象——政治的、法律的、宗教的、教育的、艺术的以及经济的——都应当包括在某一单个的研究领域内,在这一研究领域中,单独研究某一分支或部分并无意义,除非该部分与剩余的其他部分有着紧密联系。我在别处已经详细讨论了孔德先生的这一观点,所以,在此除了引用他的话之外无须做过多说明。[8]然而,其他学者,其中包括萨伊,并未接受这一偏激的观点。他们一直渴望能将经济学研究的领域拓展,乃至超越一般定义所描述的那些局限性,把更大一部分关于财富现象的讨论囊括进来,至少包括人类道德和社会本质所呈现出的那些事实。但是对此的反对之声在我看来是根本性的,并且是难以逾越的。

首先,人们构想的这一科学包含的广泛利益和多种观点似乎会使得在整个理论的单一系统中理解它们变得很困难——倘若不是不可实现的话。然而,这种处理模式存在一个根本性的缺陷,即试图将有关财富的规律与人类道德和社会本质的规律或部分规律放在同一个框架下讨论。即使这两类研究的核心主题存在相同之处,即使它们所考虑的事实存在相同之处,这两类研究看待这些事实的关系和角度仍旧存在着本质区别。同样的事物、同样的人、同样的行为以不同的目的进行讨论,需要依据不同的原则进行分类。

例如,如果我们的目标是探究财富生产和分配的规律,那么相同条件下依赖的生产要素和相同原理调节的生产产品所使用的劳动力,就应当各自归为自身相同的一类中。然而,如果我们的研究对象是一种更普遍的社会利益和社会关系,我们也许需要一种完全不同的处理方法。从财富生产的视角来看,这一更高级的精神力量是类似肥沃的土地一样的生产要素。它们都是垄断的自然力的代表,它们的所有者在利用它们创造财富时都被相同的原理精确地规范着。因此,尽管天才和乡绅之间存在着诸多不同,但他们都属于垄断的自然力的所有者,所以在研究财富规律的问题上,他们应该被适当地归于同一类中。同样,一个按日计酬的临时工和获得年薪的国务大臣也适用于相同的原理,即他们提供的服务由需求和供给原理调节。因此,尽管这些人的社会地位和重要性相差悬殊,却被经济学家归于同一类别。另一方面,农民和土地所有者这二者对于社会研究而言,很有可能会因为同属于农业而被划分在一起,然而倘若我们的研究目的是狭义上的财富规律的发现问题,那么这二者应当被分在不同的类别中:农民的收入取决于决定利润率的那些原理,而土地所有者的收入则取决于决定租金的那些原理。这二者的原理不仅不相同,而且几乎是恰恰相反。[9]

正如我之前所说的,萨伊是那些以更广阔的视角来研究政治经济学的学者之一,除了他的论著,没有别处更能将他所追求的这一方法带来的不便之处显著地体现出来。诚然,对我而言,尽管他的论著白璧微瑕,但他犯的大部分错误都可追溯到这一点上。我认为,任何熟读他的大部分作品的人都会发现〔同样的评论也许不仅仅是来自法国少数的政治经济学学者,尤其是巴斯蒂亚(Bastiat)〕,他在经济学问题上的推理方式自始至终都涉及当下流行的社会主义学说。一个不可避免的结果便是——他的目标与其说是捍卫社会和私有财产以应对敌人的攻击,不如说是阐明财富理论——这些关于财富分配的问题时常和其他完全不同的问题(那些关于对现存机构社会根源的合理解释的问题)相混淆。因此在他的处理方法下,纯粹的经济学问题变成了更为复杂的思考,而这些思考相对于问题的解决方法而言是完全不同的问题。

他告诉我们,[10]租金、利息和工资三者惊人地类似:每个都是效用的衡量指标(三者各自有其意义),都是服务于生产的要素。根据这一理论,租金并不取决于农业生产(比如由于土壤的物理性质不同)产生的不同的成本,也不取决于劳动力成本之上的利润以及由供求所决定的工资,[11]而是取决于土地、资本和劳动力各自在最终产品的生产过程中发挥的效用。因此,规范这三个生产要素的所有者之间财富分配的独特的经济学规律被混淆了。为了替现存的社会结构进行道德辩护,便将土地所有者、资本家、劳动力这三个阶层放置在同一社会利益及社会公平的基础上了。

在研究了发源于古希腊的物理哲学失败的原因之后,惠威尔(Whewell)博士发现,他们在引入自己的物理推断思想时所处的环境与其所致力于解决的事实并不匹配。惠威尔告诉我们,并不像人们通常所猜想的那样,古希腊的学者们低估了事实的重要性,因为很显然亚里士多德收集了大量丰富的事实;同样也不是没有将所收集的事实总结为观点。而是,他们求助于道德观点来解释外部现象,例如那些奇怪和普遍的,自然和非自然的,同情、恐惧之类的想法,而不是稳定且专注地将注意力集中在作用力、压力等纯粹物理方面的考虑上。毋庸置疑,结果便是他们的研究只能变成异想天开的理论和言语的诡辩。[12]

我在萨伊先生给出的例子中已注意到,他将这样的思考方式引入经济学讨论中。在我看来,他所犯的错误与古希腊哲学家们在其物理研究中所犯的错误完全一致，并且萨伊先生所采取的方法几乎不可避免地会导致这一错误，即将关于社会组织的原理和目标与财富的经济学规律囊括在一个讨论中。萨伊这样处理政治经济学，难免不断受到这样的诱惑，即把自己的观点与平等、自私等在更广泛的社会问题中才讨论的话题混杂在一起。他并没有解决这一问题，而是根据特定事实源于特定原理的规律，一直解释为什么这些存疑事实的存在与社会福利和平等相一致；并且几乎成功地迷惑了自己，认为自己已解决了一个经济学问题。而实际上，他只是维护了一种社会制度安排，或者说认为自己维护了一种社会制度安排。

因此，针对这种处理政治经济学的方法的反对意见是根本性的，因为它试图将彼此矛盾的问题混为一谈。即便人们希望给政治经济学定义更广阔的研究范围，保留财富的生产和分配规律这一独立而明确的研究主题仍然是必要的。

第三节

但其次，政治经济学的一般定义表明它是一门科学，并且（正如我之前在别处已经提到的那样）“对于那些清晰领悟了科学的人而言，从‘科学’一词的现代意义上来讲，它意味着应当很快能够指出其研究领域，并明确其需要从事的任务。不幸的是，当这一词汇被用于物质世界的研究时，许多人完全理解了科学的含义，然而在涉及社会生活时，他们却允许自己不知不觉进入了另一种理解，或者干脆默许使用该词时忽略其所有明确的含义。在很大一部分人的眼里，所有的事物都属于旨在处理社会事实的社会科学，要么是以补救不满的方式进行，要么是以促进社会秩序和社会进步的方式进行；凡是以某种方式与财富的生产、分配和消费相关联的，都属于政治经济学。现在我非常迫切地想要坚持这一基本观点：无论其采取什么形式，一个以明确的现实目的——该目的可能是缓解贫困，土地终身制改革，行业协作拓展，货币监管；或者可能更雄心勃勃，旨在以精神和俗权的力量（由一名权威人士和三位银行家所代表）改组社会——为目标的计划，无论其具体的建议为何，这个计划涉及的领域是宽是窄，是非常明智的还是极其轻率的，都不重要，只要其目标是为了实现明确的现实目的，那么我认为这就不含有任何科学的特征，并且没有任何理由被称为科学。考虑一下任何一类公认的自然科学，例如天文学、力学、化学、生理学，他们中的任何一个有以现实目的为目标的吗？在以一个确定方式进行调整时，物质世界中的事物如何安排就不重要了吗？显然不是。任何情况下，其目标并不是获得有形的结果，也不是证明任何具体的理论，更不是拥护什么实践性计划，而只是简单地给予一个视角，去揭示自然规律，去告诉我们会出现什么样的现象，什么样的原因会导致什么样的结果。这是否是因为自然科学就不需要涉及人类的实际考虑？我觉得无须麻烦自己再回答这一问题。没错，政治经济学在某种意义上而言，与天文学、力学、化学、生理学同样都是科学。然而，其研究主题是不同的：政治经济学关注的是那些关于财富的现象，而其他科学关注的是物质世界的现象。但是政治经济学的方法、目标以及结论的特征与其他科学都是一致的。天文学对那些天体现象所做的工作，力学对那些运动现象所做的

工作，化学对那些化学反应所做的工作，生理学对那些有机生命体功能的现象所做的工作，政治经济学对财富现象所做的工作，都是阐述了现象之间彼此共存或继起的规律，也就是说，它（政治经济学）阐述了财富现象的规律。

“让我在这里简要地解释这一短语的含义。这是一个经常使用的短语，但是，像其他许多经常使用的短语一样，该词本身并不能带给听者某个固定的含义。当然我并不是指议会法案一样的财富现象的规律，我指的是这些现象的自然规律。那么什么是财富现象？下面就是财富的一些简单事实，例如生产、交换、价格，或者在分配的过程中财富所呈现的多种形式，例如工资、利润、租金、利息等等。这些就是财富现象，并且这些现象的自然规律在其相互之间以及因果关系中有着某种固定联系。例如，英国的资本以一定的速度年复一年地增长；在美国这一增长速度相对来说更快一些；在中国这一速度则相对缓慢一些。那么，这些事实并不是偶然的，而是一些原因的自然结果。这些原因包括所讨论国家的外部物质环境、人的智慧和道德特征、国家的政治和社会制度，并且只要这些原因保持不变，那么结果就不会改变。类似地，商品的价格，土地的租金，工资、利润和利息的水平，在不同的国家各不相同。但是这里需要再次重申，它们也不是随机决定的。这些现象所展现的特定形式都非偶然，它们并不像这些国家的天气或矿产品，以及在这些国家生息繁衍的动物和植物一样取决于偶然因素。物理学中的情形和经济学中的情形十分相似，我们发现，存在的事实都是一些原因的必然结果，这些事实与原因之间的关系是固定不变的。当我们谈到财富现象的规律时，脑海中所展现的其实是经济现象中的恒定联系，而在这些规律的阐释中就包含了政治经济学。倘若你让我阐释这些经济学规律有什么作用，我会回答，它的作用与一切科学知识的作用完全一致。它告诉了我们在经济事实面前我们的能力实现的条件，以及通过何种方式实现人类重大福利的目标。正是出于这样的认知，人类成为了自然的使者和诠释者，并且学会了通过服从自然来控制自然。

“现在，我恳请你思考一下以这种方式来构想该学科的研究时会出现什么情况。首先，你会认为，正如所构想的那样，政治经济学与其他所有特定现存的社会体系或者工业体系都截然不同。它既与自由放任无关也不涉及共产主义；既与契约自由无关也不涉及强权政治或者是地位尊卑。它独立于其他特殊的体系之外，而且，还在这些体系中显得完全中立。当然并不是因为它所涉及的知识不能被用来拥护一些而怀疑另一些。这是不可避免的，同时也是经济学知识的恰当而合理的运用。然而，从这个重要的意义上来说，这门科学在社会各个分支内是中立的。它对任何系统的目标的价值性或是满意程度不做任何判断。这提醒了我们，当涉及某类具体的事实时它们所起的作用，比如，为这些事实形成可靠的观点提供论据支持。而且这就是它的功能所在。由此获得的论据也许确实能影响我们的判断，但它们并不是必需的，而且从现实的角度看，也不应该这么做。因为很少有实际问题不会呈现出除了纯粹经济性以外的其他属性——政治、道德、教育、艺术方面，而这些方面包含着的结果可能会相当重要，以至于能扭转反对纯粹经济学方法的局面。在这些矛盾的观点上，政治经济学不提供任何评论，不做出任何判断。因此，正如我之前所述，在相互竞争的

社会分支之间保持中立；正如力学在铁路建设的竞争方案中保持中立，而在这些方案中要同时考虑建设费用和机械效率；正如化学在提高卫生状况的竞争性方案中保持中立；也正如生理学在相互矛盾的医药系统方案中保持中立。政治经济学提供了一种方法，或者，更准确地说，提供了评估所有社会分支的一部分方法；它拒绝将自身限定于某种具体的方法中。

“现在我希望特别关注经济学的这一特点，因为我完全不认为它是被普遍承认的，还因为由于忽视这一学科导致了一些严重并且确实令人惋惜的后果。例如，有时人们会这样推测：因为政治经济学包含了工资理论、利润理论以及租金理论，所以这门学科致力于认同我们目前工业生活的模式，在这种模式下，三个不同的阶层——工人、资本家和土地所有者以此接受报酬。一些社会改革者心中的理想工业生活包括对我们现存系统的调整，于是在这一印象下，他们号召大家谴责、嘲弄经济学，而实际上是寻求将工业生活的现存模式陈规化，当然这也因此与他们的观点相悖。但这完完全全是个错误。正如力学与我们现行的铁路系统毫无联系一样，经济学也与我们现存的工业体制毫不相关。我们现存的铁路路线是依据所有能用到的力学知识而铺设的，但是出于这一原因我们并不认为发展铁路的前提是必须谴责力学。倘若工资、利润和租金在经济学理论中有一席之地，那么这仅仅因为它们是在当今社会构成下财富分配的形式。它们是需要被解释的现象。同样，在经济学家的研究范围内，他要展示这一体系中所提出的任何修正性工作，要阐述在新条件下生产和分配的规律如何运行。

“并且，与该观点相关，我也许会做如下评论：尽管这远不是真实的，但有些人可能会认为经济学已经完成了自己的使命，因而就实践目标而言它已经变得过时，它只是一个历史的珍藏品；相反，它属于工作永远不会结束的那一类科学，至少是只要人类还在继续进步，它就不会结束；经济学推理所依据的论据中最重要的一部分就是人类的品格和人类的制度，因此任何能够影响人类品格或人类制度的事物都一定会为经济学带来新问题。与物理学家不同（他们研究的是不会发展、本质上基本相同的现象），经济学家研究的主要事实——作为工业化的一部分的人，作为在社会中有组织的人——总是经历着变化。家族式生活、希腊或罗马式生活、封建制度生活的经济学条件，并不是现代商业生活的经济学条件；倘若政治经济学也在这些原始的、古老的或是中世纪的环境中发展，那么毫无疑问它将包括一些我们如今无法找到的观点，也一定会缺少许多如今拥有的东西。让我们再回到关于货币和信用的讨论上来，这二者在过去的半个世纪里伴随着英国贸易的伟大发展，见证了一个不断发展的社会需求的变化如何为经济学家孕育出新的问题，并且唤起经济学理论的新发展。在此刻，有人也许看见这一机会即将来临。由于经济学理论如今已在英国的课本中占有一席之地并被仔细考量，因此一种新的工业组织已经在大不列颠和其他国家成立。如果各种迹象不都是欺骗性的，那么公司现在已成事实，公平竞价已经改变了英国工业的许多部分。从经济学角度看，公司的典型特征是它让一个人同时具备了工人和资本家两种角色；然而我们目前关于工业报酬的理论仍然是以这些能力分属于不同的人为前提条件。显然，我们目前的理论无法解释它本来想解释的事物的状态。因此，我们需要关于工业报酬规律的新解

释——该解释能适用这一状态,即生产者的所得不以工资、利润及租金的形式出现,而是以一种单一的总数来体现。我将此作为社会进步对经济学理论新发展需求的一个例证。当然这是否是工业社会前行的方向,目前还是个有争议的问题。我知道有一些人持有的观点是工业发展不趋向公司制,而是趋向"行业领袖"和部队似的工人组织,并且这种观点正在形成。在这样的情况下,也许未来的经济学问题不会像我之前所指出的那样;然而,经济学问题仍旧会存在。倘若未来的社会组织是依据孔德的理论建立的,那么只要物质条件和人类天性保持不变,财富现象将展现出稳定的关系,即仍然被自然规律所支配;而那些关系、那些规律,仍然有被了解的重要意义。经济学家将会一如既往地被需要。

"忽视经济学研究对实践改革问题的中立立场的一个更为严重的后果是,它与工人阶级的想法渐行渐远。政治经济学不再以中立的事实诠释者自居,它直接对解决社会问题提供论据——这些论据不屈从于任何人为因素,它们对实践是否具有说服力只能取决于社会问题中所有已知的其他论据。不同于化学、生理学、力学表现自己的方式,政治经济学常常假借枯燥无味的原理教条式地出现,在工人阶级与其接近时尤其如此。一个公布法令的系统,'批准'一项社会安排,'谴责'另一项社会安排,都是其表现方式,它要求人们做的不是思考,而是服从。现在,当我们考虑那些以政治经济学的名义公布的法令时,尽管我可以用很大的篇幅指出对于这些法令的认可对于现存的社会形态更加完美是多么重要,但我还是认为我们应当能理解对它们的这种反感,甚至是激烈的反对。持有这种意见的人们有理由反感对当前的工业制度没完没了的赞美，而这一工业制度恰恰是某些所谓经济规律的诠释者常常自以为傲的。如果一个工人被告知政治经济学‘谴责’罢工，对‘公司制度’持犹豫态度，质疑限制工人工作时间的建议，却又‘赞成’资本积累，并且‘承认’由市场形成的工资率，那么‘既然政治经济学反对工人阶级，所以工人们理所当然反对它’也是自然而然的回答。人们以怀疑的眼光看待这个新法令是很自然的事，作为一个很可能代表雇主利益的系统，工人们拒绝或否认它也是明智之举。这样，经济学被放在了错误本质的位置上，社会上最愿意聆听真理的那部分人甚至都未曾被给予聆听的机会。因此，我认为，政治经济学研究严格坚持科学的特征兼具重大的理论意义和实践意义。政治经济学只有以这样的方式展现出来，才能在实践改革中站在正确的立场上，才能获得各种不同类型和处于各种不同状况的人的善意的包容和认可。也只有这样，我们才能够克服来自于社会各个阶层的人对政治经济学已经自然而然形成的，但却是根深蒂固的偏见。”[13]

第二讲　政治经济学的精神与物质假设以及由此推导出的原理的逻辑特征

第一节

在上一讲中，我关注由英国该学科的顶尖学者所提出的政治经济学的概念，并且我还特别寻找机会指出把政治经济学定义为“财富的科学”的重要性。现在，我们应该把问题继续下去，即更精准地确定政治经济学的特征和研究范围，并在这样的观点下考虑与现有经济假设相关的最重要的两大问题——物质和精神。关于政治经济学这方面的内容，权威学者已经提出了如下理论：

“在人与自然所有的互动过程中，我们认为无论是人类遵从自然来做事，还是从自然界获取信息，其结果或现象依赖于两种原因：物质属性的表现方式和物质表现的依据。每一件可能发生的事情，人和外部事物都涉及其中，皆源于物质规律和人类思维规律的综合运用。例如，人类用劳动生产玉米便是思维规律和许多物质规律作用的结果。物质规律包括土壤和植物生命的属性，它们能使种子在土地中生长；还包括人类身体的属性，它要依靠食物来支撑。思维规律是人类占有物质的欲望，最终通过意志进行生产。思维规律和物质规律在本质上如此不同，以至于把它们放在同一个研究中就会与所有合理安排的原则背道而驰。因此，在所有的科学方法中，它们都被分开研究。从而，任何同时依赖物质属性和思维属性的复合现象或结果都成为两门完全独立的科学或者科学分支：一门是只依据物质规律来研究现象的科学；另一门是只依据思维规律来研究现象的科学。”

“物质科学是那些研究物质规律和所有相关复杂现象的科学，它仅依据物质规律。心理或道德科学是研究思维的性质和所有相关复杂现象的科学，它仅依据思维规律。大多数的道德科学以物质科学为假设条件，然而很少有物质科学以道德科学为假设条件。原因显而易见。有许多现象（比如地震或行星的运动）只取决于物质规律，而与思维规律没有任何关系。许多物质科学可以完全不涉及思维，仿佛思维的存在只作为一个知识接收器，而不是事物发生的一个原因。但没有只取决于思维规律的现象，即使思维本身所产生的现象也部分地依赖于身体的生理规律。因此，所有的精神科学，包括纯粹心理科学，都必须考虑各种各样的物质事实，并且（自然科学通常是非常适合首先学习的）可以说是以物质事实为假设条件，从物质科学留给它们的问题开始研究更为复杂的现象。

“这就是政治经济学和许多从属于物质领域的科学之间

关系的一种精确表述。

“构成财富的所有物质生产规律是政治经济学和几乎所有物质科学的研究主题。但是，这些规律中，有些是纯粹属于物质科学的物质规律，而有些则是人类思维的规律，这两者结合的最终结果，便是政治经济学。”[14]

这个观点的阐述已被另一个权威人士接受，他就是西尼尔(Senior)先生，他曾在《爱丁堡评论》(1848 年 10 月)上撰文，对刚才引用的文章评论如下：

“我们认为这些观点的正确是显而易见的；尽管它们现在首次被正式陈述，对它们必然会产生模糊的感觉，因为它们通常会起作用。政治经济学家并不会去尝试陈述使蒸汽机展现奇迹的力学和化学规律。他把它们看作物质规律而忽略，但他会尽其所能去解释促使机械师建造蒸汽机和工人操作它的动机是什么，而这是思维规律。他留给地质学家去解释引起煤炭形成的物质规律，留给化学家去区分元素的成分，留给工程师去陈述提炼元素的方法，留给许多不同领域的教师去指出它可以应用的方向。他留给自己的则是解释思维的规律：什么条件下土地所有者会允许他的农场荒芜而挖掘它下面的矿物质；什么条件下资本家会从事于凿井，并把可能会为其带来当前享受的用于画廊的资金投入进来；什么条件下矿工会承受这个职业所带来的危险和艰苦；包括思维规律在内的规律如何决定产品或产品价值以何种比例在工人、资本家和土地所有者这三个阶层中进行分配。而当政治经济学家把由物质科学提供的事实作为前提假设时，他并不想尝试解释这些事实。”

穆勒先生在他的一篇文章中有一句总结性的话，他认为政治经济学是“思维规律和物质规律相结合的最终总和”，这对我来说，似乎是正确地描述了这门科学的作用，但这与之前评论的基调并不一致，例如它明显与西尼尔先生的文章中的解释不一致。除了那句话，阐释的作用在于揭示了政治经济学是众多科学中的一支，“它研究思维的规律以及依赖于思维规律的所有复杂现象”，因此，它被很恰当地称为“精神”或“道德”的科学。它与物质世界的关系是不同的，它们的特征并不密切。更恰当地说，它是远离物质群体的，认为物质性质的事实与规律是理所当然的。但是，包含财富生产和分配的思维方面的事实和规律，构成了它的适当的研究领域，是它要研究和解释的现象。这个观点，是从我引用的文章中推断出来的，就目前所知，我阐述过的这个理论已经被后来的学者普遍接受。现在，从政治经济学的特征这一观点出发，我斗胆提出异议。对我来说，依赖于这门科学来解释的财富现象和规律，同等地取决于物质规律和思维规律。政治经济学与物质和精神本质之间的关系极其一致，如果想把它放在两者中的任一研究领域中，那么它既应该被放在物质领域中，也应该被放在精神领域中。

“物质”和“精神”这两个短语应用于科学时，已被普遍应用在分别以物质现象和精神现象形成其主题的知识分支中。因此，化学被看作物质科学，因为其研究主题是物质元素的运动与结合。

而心理学被看作是一门精神科学，它的研究主题是精神状态和感觉。化学家以发现物质元素的基本构成规律为目标，来观察和分析物质对象。而心理学家通过自我反思或出现在别人思维中的现象进行研究，来确定我们精神世界的规律及其相互影响。如果这是对把“物质”和“精神”分配到不同科学中的原理的正确陈述，那么似乎政治经济学在任何一种分类中都找不到容身之地。政治经济学研究的主题既不是来源于“物质”，也不是来源于“精神”。它既考虑物质现象，又考虑精神现象，但二者中的任何一种现象都不是它要解释的。政治经济学的研究主题是财富，尽管财富存在于物质对象中，但财富并不是物质对象本身，而是由于它们蕴含价值，也就是说，财富是由智慧赋予物质对象的价值。因此，政治经济学的主题既不是纯物质科学也不是纯精神科学，而是拥有复杂的特征，均衡地来自于两者。尽管物质和精神规律是独立的，但正像我所坚持的那样，政治经济学均衡地取决于物质规律和思维规律。

例如，让我们仔细考虑决定工资率的因素。毫无疑问，它是一个经济问题。显而易见，劳动者所得到的是物质客体，但这些物质是由具有特有属性的智慧所赋予的，因此我们才认为它具有价值。由于物质被赋予价值属性，政治经济学家要考虑它们的复杂特性。工资问题具有与物质和精神本质相似的特征，因此，如果以其研究主题来命名，那么它既可以被看成是物质问题，也可被看成是精神问题，或者两者都不是。

但是，政治经济学仅仅是在依赖人类思维的行为的程度上考虑这个问题。工人们所消费的食物和衣服无疑是具有物质属性的，因为工人自身就既有物质属性又有精神属性。但是，我们知道，政治经济学家并不在乎其物质特性，他们只考虑具有价值的物体，而价值是纯精神概念。但这是正确的吗？政治经济学家们，例如西尼尔先生对这个问题的纯科学解释，完全不考虑工人们消费的物品的物质特性吗？不考虑工人人数上升所依赖的生理状况吗？解决工资问题的方法是什么？工资通常被解释为取决于供求，或更确切地说，取决于能够供给工资的资本数量和寻求工作的工人数量之间的关系。排除其他因素，提供工资的资本数量取决于供工人消费的商品的行业生产力——这同样取决于工人投入其工作的物质和精神属性的规律。此外，排除其他因素，寻找工作的工人数量取决于人口规律。这是由人体的生理规律和思维规律共同决定的，政治经济学家把它们放在同等地位来考虑。

因此，似乎政治经济学的主题（即财富）拥有来自于物质世界和精神世界的特征，因此它的前提假设同样来源于两者。事实上，我上文提到的学者们已经承认了后一点，不过，我认为必须有一个独特的监督体系，它以研究财富的规律而并非依靠人类思维的规律来代表这门科学。或者，更清晰的表达是同等依赖，即政治经济学这门科学对物质世界和对人类精神世界的规律的依赖是均等的——前一个规律的性质发生变化会同等地影响后一个规律。例如，土壤的物理性质在现有状态下是这样一种情况，经过一定量的培育，它就能被应用于有限区域内，但是更进一步的应用反而不会得到成比例的回报。这个例子表明：并不是培育最好的土地并使其生产出所需的食物总量就是一个好的选择，借助于劣质土地可能更有利可图。[15]

正如每个政治经济学家所了解的，也是他们会在未来的某一场合解释的，这一物质事实通过人们对财富追求的欲望导致了租金现象，导致了随着社会发展而引起的利润降低以及人类数量增长的放缓。如果事实截然相反，如果土壤的物理性质是通过简单增加支出而且在不限比例的情况下能够无限增加产出，例如在特定的土地上，把肥料的数量加倍并且把土地耕作两次，那么农民将可以得到两倍的产量；同样，四倍的费用将会有四倍的产出；如此下去，永无止境。如果真是这样的话，那么现在的政治经济学将会发生彻底的变革，就好像人类的天性发生了改变一样，例如在放弃自私或侵害他人利益的情况下，如果仁爱被强化，那么人们将会拒绝利己的行为，自然或财富可能会赋予人们这些独特的优势。在土壤性质的这种变化下，租金将会消失，利润不会长久地趋于下降，老牌国家的人口将会和新的殖民地一样快速发展。

所以，我倾向于认为政治经济学既不属于物质门类，也不属于精神门类，而是处于中间位置，属于包含历史、政治和社会研究的一类学科。这一归类对我来说，自成一格，符合其主题——由物质、生理和思维规律联合构成的复杂现象，并且切合其探究物质、生理和心理现象产生原因的功能。

因此，要从政治经济学中举例的话，租金就是一个复杂的现象，它产生于人类的利益活动。例如，当人类了解到土壤的物理状况与谷物生长所需的生理性状有密切的联系后，就会进行种植活动。如果这些物质条件发生变化，如果资本和劳动能被无限地投入到有限的土地中，并得到恒定回报，那么一个国家中只有一小部分最好的土地才会被耕作，而且没有农民会同意付租金；从另一方面来说，如果不存在自私，也不会有土地所有者要求农民支付利息。对于租金的存在，这两个条件是缺一不可的，而且是同等重要的，它们是推导出该理论的前提假设。政治经济学家要证明：第一，这些前提假设在实际中是正确的；第二，它们解释了这一现象。但是，当这些问题被解决后，他的工作也就完成了。他并不会试图去解释决定土壤性质的物质规律，也并不会去分析决定协议条款的土地所有者和农民的利己主义的天性是什么。他把这些视为已知的事实，既不去分析，也不去解释。这是研究主题内确定的东西，是作为分析基础而存在的，但并非主题本身。如果他需要更多的信息，那么必须从其他学科中寻找资源，他将物质事实交给了化学家或生物学家，将精神现象交给了生理学家或伦理学家。

在刚才提到的需要考虑的范围时，我们可以找到经济研究的合适的范围界限——在探究财富的现象及其产生的原因和规律时，经济学家应该在什么时候停下来，以此视为任务的完成、问题的解决。正是在其推理过程的这一点上，他发现他接触的一些物质或精神事实、政治或社会制度的现象并不属于经济范畴。一旦他探究财富现象的原因达到这种程度，他就已经达到其研究目的了，而这些原因可以被恰当地看作是与经济学相关的“终极原因”。并不是说这些原因不具有进一步分析和解释的价值，而是这些分析和解释已不是经济学家的工作——这并不是他需要解决的具体问题。[16]

正如我们所描述的那样，政治经济学的地位就像与力学、化学和生理学等科学有关的地质学。由地壳的构成所产生的复杂现象形成了地质学的主题，它们是力学、化学和生理学规律综合作用的结果。地质学家的任务就是研究这些现象直到发现其原因。做好了这些,他作为一名地质学家的任务就完成了。更进一步的研究就不是地质学分内的事了,而是属于力学、化学和生理学了。

第二节

政治经济学的这些前提假设或基本事实是从物质世界和精神世界中得到的,但我还必须指出这门科学得出的结论所依赖的一些物质或精神事实的特点。换句话说,我需要展示出我们通过何种方式把与经济研究有关的事实和其他无关事实区分开来。一般而言,关于这个问题的答案要根据这门科学所要实现的目标而定。就像大家所熟知的,政治经济学的目标是发现财富的生产和分配规律。因此,构成政治经济学前提假设的是那些影响财富的生产和分配的事实。为了使这门科学绝对完美,使政治经济学家能够以与气象学家预测天气时同样的精准度和确定性来预测经济现象的过程,这些前提假设应该包含所有影响财富现象的精神事实和物质事实。

然而,似乎并不可能达到绝对的完美。就像研究一个人的道德和天性时,所依赖的前提假设包括各个方面的因素一样,政治经济学需要考虑的事实不仅数量繁多,而且特点各异。另外,它们的序列规律也非常晦涩,以至于似乎不可能完全弄清它们,更不必说确定它们的精确数值。即使这些都有可能实现,追踪这些规律直至其结果,赋予其一定限度内的意义,也将会产生一些更为复杂和困难的问题,甚至会公然挑战大部分学识渊博的研究者的权威。

尽管如此，无论是政治经济学还是其从属的其他研究领域，都不曾被期望达到像先进的物理学曾经达到的那种完美程度。但是这并不会阻碍我们抱有这样的希望：通过遵循类似于已取得成功的物理学研究方法来研究经济问题，我们至少可以得到一些可靠的、有价值的结果，尽管可能不是绝对的科学上的完美。

正如我已经提到的，人类追求财富的欲望、激情和特质几乎是永无止境的。对于这些心理因素，存在着一些非常醒目并具有重要特征的原理应该被探知，而且这些原理一旦被探知，就能够为决定财富的生产和分配的那些最重要的规律提供论据，从一定范围上说，那些规律正是受到这些心理因素的影响的。掌握这些心理因素是政治经济学家的第一要务；之后，他就要考虑与人类天性相关的一些重要的生理事实；最后，他要弄清人类进行生产活动所需要的生产要素的重要物质特性。因此，对于前面我提到过的那些重要的心理原理，他会考虑到人类对于物质财富的欲望，对以各种方式获取财富的欲望，实现上述目标的方法所需要的人类智慧以及以最容易、最便捷的方法达到目的的意愿——也就是以尽可能小的代价获取财富的那些心理事实。然后，他会结合人类生理状况的特性，进一步考虑决定人口规律的那些心理特质。最后，他会考虑土地的物理性质以及人类所利用的劳动力、独创力等其他生产要素。就像我已经阐述过的，所有这些事实，无论是心理的还是物质的，他都会考虑到，但并不是以一种解释的视角去看待它们，而是作为进行推理的论据，作为影响财富生产和分配的主要原因。但我们不要认为，当这些基本事实被弄清、当充分的结论被发现时，政治经济学家的任务就已经完成了，即便是在他的论断已经很

详尽、推理也没有缺陷时也不要这么认为。尽管我们已经得到的结论与实际情况基本相符，但巨大和明显的差异仍会经常出现。诚然，政治经济学家进行研究所依据的论据已经包括了调节财富生产和分配的重要原因，但这些并非全部原因。许多次要因素（我的意思是与政治经济学的目标有关的次要因素）将会干扰，有时甚至会逆转那些强大原理的运用，从而改变既有现象。因此，他下一步的研究将会努力弄清影响人们追求财富的次要因素的特点，不论它们是物质的还是精神的、政治的还是社会的；当他找到并能够以足够的精确度去衡量它们时，这些次要因素将会作为这门科学的前提条件，作为他日后研究所需考虑的论据。

因此，一个国家的政治和社会制度，特别是影响土地所有权的相关法律将会成为次要因素；政治经济学家将会解释这类因素将以何种方式去改变与他所研究的科学现象相关的基本原理的运用。

再者，生产领域的任何伟大发明，例如蒸汽机，都将成为政治经济学家考虑的一个崭新事实。他将会考虑其对工业的生产率或产品分配产生的影响；它将会以多大的范围、以什么方式去影响工资、利润和租金，去改变由生产行业以前的状况而推理得到的结论。创新的出现就像天文学家发现新的行星一样，它的引力会影响其范围内所有天体的运行，将导致它们或多或少地偏离先前计算的轨迹。这是进行经济现象趋势分析的一种新力量，政治经济学家将会把它作为一个新的前提假设。同时，以同样的方式，这些动机和行动原则将会随社会的进步而发展——只要它们有可能影响财富现象也将同样会被经济学家所考虑。例如，他将会考虑风俗习惯在改变人们追求财富的习惯方面所产生的影响；他将会考虑随着人类文明的发展，人们对于与现在密切相关的未来的判断力是如何增强的，人们及时享乐的欲望是如何被更加审慎地有效克制的；他同样也会观察随着社会的发展，人们对得体、舒适和奢华的看法会如何改变人口规律的自然力量，如何影响不同阶层的消费模式，并进而影响工业产品的分配。

有时会被问到这样一个问题：在政治经济学的范围内究竟可以在多大程度上承认道德和宗教？[17] 现在正在阐述的理论使我们能够提供答案。政治经济学家会在其影响人们追求财富的行为的范围内去考虑道德和宗教因素。到目前为止，它们以这种方式存在，即只有当道德和宗教与他所研究的问题相关，像人们对身体健康的渴望或繁衍后代的要求一样时，政治经济学家才会考虑它们。只是作为这门科学的前提假设，它们不如其他原则那么重要，因为就构成其研究主题的现象而言，它们并没有很大的影响。正如我已经说过的那样，弄清所有的情况或精确分析是不可能的；但是以足够的精确度（至少能为后续推理提供可用资料）弄清楚所有因素中最重要的一些，并使之成为该学科前提假设中的一部分还是十分可能的。就其已完成的工作、其前提假设的完整性、其推理所依据的方法而言，政治经济学似乎已经达到了在其他科学分支中所达到的完美。同样，它的结论能够与事实相符，它的理论在指导实践的政治家和慈善家时是可靠的和值得信赖的。

第三节

在考虑了政治经济学的特征与局限性后，我还要简要地提出一个问题来结束本讲内容。这一问题初看似乎只体现了纯理论上的意义，而且权威学者对此还存在争议。但我仍要指出这一问题，即政治经济学究竟是一门确定的科学还是假设的科学？

这一争论中使用的“确定的”和“假设的”这两个术语的含义并没有被精准地定义，而我倾向于认为，这些流行观点间的差异在一定程度上可以理解为语言的模糊性。那么，让我们来思考，当被应用于一门科学时，通过“确定的”和“假设的”这两个术语，我们将能够理解什么。

首先，参考其前提假设的特征，我们可能会将一门科学描述为“确定的”或“假设的”。正是在这个意义上，我们将数学描述为假设的科学，它的前提假设是由思想构建的任意的概念，在真实的世界中并没有对应物。也正是从这个意义出发，我们将它与确定的物质科学区分开来，后者的前提假设是自然界真实存在的现象。但是，考察一门科学的结论，也同样可以把它们称为“确定的”或“假设的”。在这个意义上，所有已发展到承认了演绎推理阶段的物质科学都必须被看作是“假设的”科学；与此相反，那些并不先进的、仍处于单纯归纳阶段的科学，它们的结论仅表达为观察到的一般事实。例如，一个机械师或是天文学家虽然从代表具体事实的前提假设正确地进行推断，但得出的结论可能与实际情况并不完全精确地一致。机械师可能忽略了摩擦干扰的影响。天文学家可能不知道一些行星的存在，而其引力可能是他要解决的问题的关键因素。因此，每一个结论，当被应用到现实中时，只能说在没有干扰因素的条件下是正确的；换句话说，在前提条件已经包含了所有可能影响结果的因素这一假设下，结论才是正确的。根据每种情况所处的条件，这些演绎推理与事实的一致性存在着各种可能性，从支持一个特定结果的纯粹假设的可能性到确定性事件的无可辨别的可能性。哪种情况会发生将取决于该科学所达到的完善程度；但是，无论完善程度如何，由于能力的有限性，人类将无法掌握影响结果的所有前提假设，因此，将不能确定他的结论是否代表真实情况。所以，通过参照应用了演绎推理的物质科学的结论，我们可以将这样的科学视为假设的。另一方面，那些还没有发展到足以应用演绎推理的科学，它们所得到的规律，只不过是所观察到的现象的一般陈述，代表的不是假设，而是确定的事实。包括地质学在内的许多物质科学就是如此。现在，从这一方面来看，政治经济学似乎明显与力学、天文学、光学、化学、电学属于同一类，通常来说，所有的这些物质科学都已经到达了演绎阶段。它的前提假设并不是大脑的任意虚构，它的形成并没有涉及具体存在，就像数学；它的结论也不是所观察到的事实的一般陈述，就像那些纯归纳性的自然科学。但是，像力学和天文学一样，其前提是确定的事实；而其结论，就像其他科学的结论一样，可能与外界现实并不相符，因此，它们必须被视为仅代表假设的事实。

例如，断言人们向往财富，根据自己的方式寻求以最容易、最便捷的方法来达到目的，渴望以尽可能小的代价来得到财富，这显然是正确的。从这一原理出发，得到的逻辑推理便是：如果人们有

完全的行动自由，那么在其他条件不变的情况下，劳动者寻求就业与资本家寻求投资的方式会使工资和利润都是最大的。这一原理更进一步的结论是，如果该规律持续不断地发挥作用，在世界范围内，利润率和工资率并不对等，但是在两种报酬接受者实际付出的代价的作用下，它们将保持均衡，或趋于均衡。到目前为止，事实是这样的，即几乎不存在平均工资和平均利润恒久相同的两个国家。法国的劳动者期望自己得到法国大部分工人所得到的平均工资水平，而不期望跨越大西洋去得到双倍工资。英国的资本家们更倾向于在英国社会得到8%或10%的利润，而不是去加利福尼亚或澳大利亚得到四倍于此的利润。在不同的国家中，我们发现平均工资水平和利润水平是不等的。在同一个国家中，我们发现制造业的不同部门之间也存在不同程度的不等。在前一种情况下，爱国之心控制了对财富的简单渴望和对劳动的厌恶，从而改变了结果；而后一种情况下则是由妨碍资本家们竞争更赚钱职业的大部分阶层的无知和贫困，以及与特定行业相关的对信誉度或声望的看法或偏见所决定的，这是普遍流行于每一个文明社会的。

因此，当一个经济学家从人的天性中不容置疑的事实——对财富的欲望和对劳动的厌恶——出发，并辅以严密准确的逻辑论证时，如果他忽略影响其所研究问题的其他原理，那么显然他会得出与事实毫不相似的结论。但他永远不能确定他不会忽略一些基本情况，而事实上，他几乎不可能考虑到所有情况。显而易见，正如出现在我所提到的那些演绎性物质科学中的情况一样，他的结论只有在没有干扰因素的情况下才与事实相符，换句话说，它们代表的不是确定性事实，而是假设性事实。[18]

由此看来，在考虑其前提假设或从这些前提假设推导出的理论时，我们必须把政治经济学看作是一种情况下的确定性科学，另一种情况下的假设性科学。然而，必须说明，代表确定性事实的这一部分——它的前提假设或其所依据的精神事实和物质事实——是它与其他许多科学和艺术的共同点。所有这一切都恰当地说明了政治经济学是一个已经或者可能从这些前提假设中推导出来的理论体系；而这一切，正如我已经阐述的那样，都代表着假设性事实。因此，在我看来，显然，把政治经济学划分为假设性科学更合适。

在这样描述政治经济学时，我已经斗胆向享有至高权威的西尼尔先生提出质疑。因此我先给各位读一段引文，是关于他反对将政治经济学看作是一门假设性科学的：

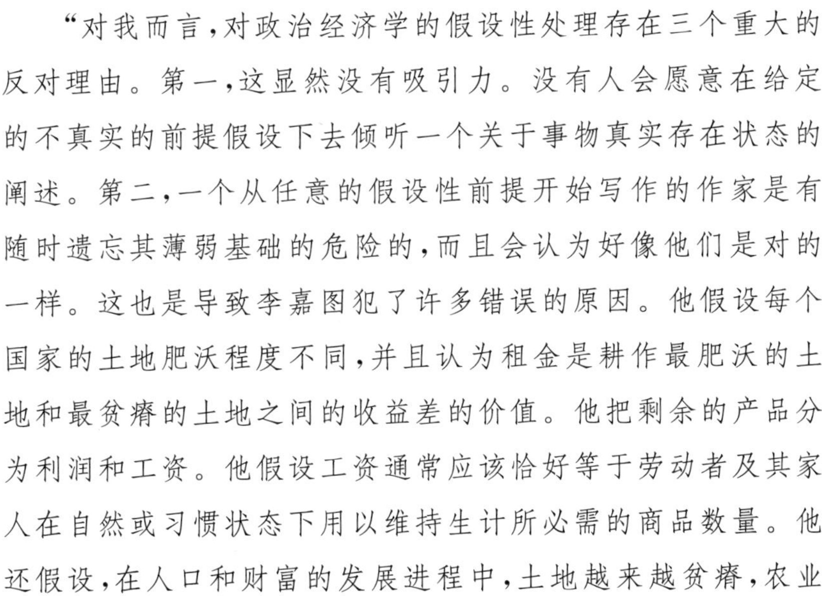

“对我而言，对政治经济学的假设性处理存在三个重大的反对理由。第一，这显然没有吸引力。没有人会愿意在给定的不真实的前提假设下去倾听一个关于事物真实存在状态的阐述。第二，一个从任意的假设性前提开始写作的作家是有随时遗忘其薄弱基础的危险的，而且会认为好像他们是对的一样。这也是导致李嘉图犯了许多错误的原因。他假设每个国家的土地肥沃程度不同，并且认为租金是耕作最肥沃的土地和最贫瘠的土地之间的收益差的价值。他把剩余的产品分为利润和工资。他假设工资通常应该恰好等于劳动者及其家人在自然或习惯状态下用以维持生计所必需的商品数量。他还假设，在人口和财富的发展进程中，土地越来越贫瘠，农业劳动力也相应地越来越没有生产力；并且他推断，土地所有者和劳动者对土地产出所得的份额一定会增加，而资本家所得的份额会不断减少。

“这是一个逻辑推断，并且如果前提假设是正确的，这个推断最终也会成真。然而，事实是，几乎每个因素都是虚拟的。租金取决于不同地块土地的不同肥沃程度，这点是不正确的，除非整个国家的土地质量都一样。劳动者通常也不会恰好只获得必需品，即使是风俗习惯使他们只考虑生活必需品。在文明国家，劳动者通常会获得更多；在野蛮国家，劳动者通常会获得更少。随着人口和财富的发展，农业劳动力相应变得越来越没有生产力，这点也是错误的……李嘉图先生在其前提假设下证明了这些结论，只是他总得意识到，并且必须一直记着，这些只是前提假设。然而，他似乎有时并不知道，或者是忘记了这一点。因而他阐述到，在一个不断发展的国家里获得原材料的难度正在逐渐增加是一个确定性事实。他还认为工资税落在了资本家头上而非劳动者头上亦是事实……”

“第三个反对理由是，依据假设进行推理很可能会产生错误：一方面，不合逻辑的推理会产生错误；另一方面，假设的情形可能会忽略一些必要的因素。当一个学者从他的观察和意识中做出前提假设，并且假定它们是真实的事实进而依据它们进行推理时，如果他犯了任何重大错误，通常都会得出出人意料的结论。因此应该警告他，会存在没有事实依据的前提假设或者不合逻辑的推理，如果他足够聪明，就应该尝试返回去重新查找错误。但是，由假设得到的那些奇怪的结果不会给出任何警告。我们只能希望这些结果与我们观察到的和舍弃掉的不同，这才能意味着它们能够检验我们的推理是否正确。”[19]

关于对李嘉图的批判，我或许有机会在以后的一些内容中提到。我现在只想说，在我看来，它们是毫无根据的。但是，我现在更关注的是西尼尔先生对政治经济学假设性处理的反对意见，尽管它们有分量，但不适用于刚才我所描述的处理模式。根据我的描述，政治经济学已经被看成是从既存事实中得到它的前提假设；正是参考从这些前提假设中得到的推论，我们才把“假设的”这一术语应用到政治经济学中；但是，由于这些推论构成了所谓真正的政治经济学的全部，所以我认为政治经济学可以被恰当地看作是假设性科学。然而，西尼尔先生反对的不是结论，而是前提。他说：“一个从任意的假设性前提开始写作的作家是有随时遗忘其薄弱基础的危险的。”“没有人会愿意在给定的不真实前提下去倾听一个关于事物真实存在状态的阐述。”“由假设得到的那些奇怪的结果不会给出任何警告。”很明显，这并不是对建立在事实基础上，而是对建立在假设基础上的学说体系的反对。

事实上，西尼尔先生的语言似乎暗示，如果前提假设具有现实基础，那么在逻辑上从其推理出的结论也一定能表示实际现象。关于李嘉图的推理，他说：“这是一个合乎逻辑的推断，如果前提假设是正确的，那么实际上结论也是正确的。”但是一定存在一种前提应该是正确的但不完整的可能性，即前提不可能囊括影响事件实际进程的所有条件。动力学和重力学规律并不是任意性假设，而是在自然界中有现实基础的。例如，一个抛射物的运动路径是一条抛物线这一结论是从那些规律的严格的逻辑推理中得来的。然而，从事实来看，没有抛射物能准确地描述这一过程。由于其前提假设没有包括空气的摩擦力，所以它会影响这些原理的运用。同样，(像我通过一些例证说明的那样，也会在之后的论述中进一步表明)尽管政治经济学的理论是以人类天性和外部世界的不容置疑的事实为基础的，但它并不必然能表示，或者说几乎不可能精确地表示现有事件。事实上，西尼尔先生在另一篇文章中完全承认了这一点。他说："我们不应该谎称从通过采取特定的方式，劳动者就能获得更高的工资，资本家就能赚取更大的利润，或者土地所有者就能得到更高的租金这一事实出发，进一步推断出他们一定会以这种方式行事的事实；但我们能够推断出，在没有干扰因素的情况下，他们一定会这样做。"这就证实了我唯一争论的一点，即政治经济学的结论不是必然表示实际情况。至此，事实已确定，只剩一个语言上的问题，即其理论与外部事实相符的一门科学，是否只有在"没有干扰因素"的情况下才能被恰当地描述为"确定的"或"假设的"科学。在我看来，只有当没有干扰因素介入时，一个命题才能被说成是正确表示了与事实相符的"确定性真理"，然而这一条件几乎从来都没实现过。但我认为这种说法是客观的，即使西尼尔先生评论道，"在预期干扰因素存在，且其力量能影响实际结果"的情况下描述一个事实"通常"是可能的。但另一方面，我也承认，在应用这些术语时，如果不是参考什么是合适的政治经济学理论，而是参考这些理论得以建立的基础，那么把政治经济学看作是像在其他物质科学中普遍使用的“确定性科学”会更妥当。

然而，关于这一点，就像我已经说过的那样，它是一种语言上的提法，而且并不重要，只要那些原理的真正特征被记住就足够了。这个特征，正如我努力去确立的一样，和那些从万有引力和动力学定律中推演出来的物质科学原理是完全一致的。与之类似，政治经济学的原理应该被理解成是推断将来可能会发生什么，或者有发生什么的趋势，而不是推断将来一定会发生什么。只有在这个意义上，它们才是正确的。[20]如果这个前提假设被看作是对政治经济学的一种反对意见，[21]那么这同样是对天文学、力学等所有使用演绎推理的物质科学的一种反对意见。[22]

现在，我已经到了尝试定义政治经济学的时候了，我会从下面两种方式去定义：政治经济学是一门解释人类天性的原理和外部世界物质规律的最终事实，研究产生于政治条件、社会条件、人类生存模式的综合作用下的财富生产和分配规律的科学。或者说，政治经济学是一门根据人类天性的原理和外部世界的自然、政治、社会的事件和规律来追踪财富生产和分配的现象及其成因的科学。

第三讲　政治经济学的逻辑方法

第一节

课程开篇，我介绍了目前存在的有关政治经济学基本原理的许多不同的观点。我解释说，这些差异对我来说首先可以归结于多年前处理经济学问题的那种散漫的、通俗的方法又重新流行起来。我还进一步指出，经济学讨论特征上的这种变化主要原因在于经济原理在自由贸易领域的成功实践——这种成功不但吸引了一类探讨政治经济学起因的新的信徒，而且也为它的拥护者提供了阐述其观点的新方法。

在任何研究中，我们追求的方法都必须取决于该研究的性质和目标。因此，在前几讲中，我首先探讨了政治经济学的性质和目标。在本讲和下一讲中，我将着手讨论在考虑它要实现的目标的基础上，研究政治经济学的合适方法的问题。

让我简要地回顾一下我给出的关于政治经济学性质和目标的描述。你会记得我把政治经济学定义为研究财富生产和分配规律的科学，这些规律产生于在外部世界的实际环境中运行的人性原理。我还解释说那些精神原理和物质条件被政治经济学家看作是基本事实，看作是其推理的前提假设，除了这些以外，他们并不在意继续追踪财富现象的原因。接下来，我考虑了那些精神上和物质上的基本事实的本质，结果发现，尽管这些事实如此之多以至于难以找出明显的共性，不过仍然存在并很容易发现一些特征，它们对于财富的生产和分配而言极为重要，能够提供正确的和稳定的依据并据此归纳出财富现象的规律。第一，我想阐述的这些规律中最重要的一个是，根植于人类自身的对物质财富的欲望，以及对以各种方式获取财富的欲望，而且这种欲望与其他精神特质相结合，结果就是以尽可能小的代价来获取财富的欲望；第二，是源自于人类生理特征和心理倾向的人口规律；第三，是生产要素，尤其是人类生产中所利用的土地的物理性质。我还为你们解释了影响财富的生产和分配的最重要的一些次要原理和事实，它们能改变有时甚至会推翻一些更为基础性的原理的运用；虽然这些次要原理和事实并不构成政治经济学的基本假设，但是至少在我们的推理中用到它们时，必须能够足够精准地弄清楚和领会它们。关于以上这些内容我还给出了几个例子。

那么，关于政治经济学的特征，我们必须考虑它通过何种方式实现最终目标——发现财富的生产和分配规律，这可能是这一问题最有效的提出方式。对于这里提出的问题，那些对经济研究感兴趣的人给出的最常见答案就是通过归纳研究法；但是，如果没有对这一常见答案给予更多的解释，那么它对我们的实际帮助就比较小。我们通过归纳法要理解什么呢？想要包含在这种表述下的逻辑过程是什么呢？那么多自称以“归纳法”学习政治经济学的人不会自己去努力寻找答案。事实上，即使是研究归纳逻辑的学者在使用“归纳法”这一词语时，也会取用多重意思。在清楚地确定归纳对于经济研究是否适用之前，多重意思是很有必要的。严格来讲，我认为，对归纳的合理解释可以通过穆勒先生的定义来阐释。他把归纳定义为：“如果我们知道我们用以推断的思维过程在一种或几种特定情况下是正确的，那么它在与这些情况相类似的所有情况下都将是正确的。换句话说，归纳就是这样一个过程，通过它我们得出如果对某些个体而言是正确的、那么对整体而言都是正确的这样一个结论，或者说，某些时候正确的东西将会在任何时候的类似情形中都是正确的。”[23] 正如上面定义的那样，归纳的特征是一个从特殊到一般、从个别事实到普遍规律的上升过程。但是许多权威学者经常使用的意思却比这宽泛得多。例如，惠威尔博士在他的《归纳学史》中谈到自然规律时——无论是基本规律还是次要规律——始终认为它是建立在“归纳”基础上的，而且是“归纳”本身；尽管从他所认为的规律的发现过程中，我们可以明显地看到，其从一般原理向下推理和从具体事实向上推理的部分是一样多的。约翰·赫歇尔（John Herschel）先生也经常使用相同的引申义，如通过囊括任何种类的局部过程来建立物质科学的真理。[24] 穆勒先生在谈论归纳逻辑时，把它描述成两个层次的问题，即“如何探知自然规律”，以及“在探知规律之后，如何运用这些规律以得到结果”。很显然，如果这样理解的话，权威学者们所用的“归纳”包含一个广泛的意义，归纳法并不是“演绎法”恰当的反义词，因为它包括后者的推理过程。在这个词的更广泛意义上，“归纳”的反义词不是“演绎”，而是一种被称为“形而上学”的推测方法，遵循这一方法的研究者鄙视经验指导，期望通过人类思维或真或假的直觉来超越现象得到本质。即使在经济研究中曾经使用过后面的这种推理模式，它至少也已经被所有标榜为学者的人长期地搁置在一旁〔拉斯金（Ruskin）先生或许是个例外〕。因此，真正的问题是，关于政治经济学合适的逻辑方法并不是被赫歇尔和惠威尔这类学者所理解的适用于经济研究的归纳法，在这一点上或许我们观点一致，而更具体的问题是，就我们当前的目标而言，在该词全面的意思下其所包含的几个过程的适用性问题；换句话说，要探究归纳（狭义上）、演绎、验证、观察和实验在经济学研究中应有的地位、顺序和重要性。

我担心，如果把问题归结到这一点上，其答案还是不是少数人所坚持的那样，与观察和实验相结合的归纳（与单纯推理相区分的狭义归纳）构成经济学研究的正确路径。根据这一观点，研究者们应该从收集和划分财富、价格、工资、租金、利润、出口、进口、产量增减和分配模式变化等现象开始思考问题。一言以蔽之，只要他们决定承认出现在不同国家现实情况中的所有财富事实，并这样做了，那么他们就应该利用这些论据所得到的结果，并通过直接或间接的推理来探究这些现象背后的原因和规律。现在，要认定这种方法对解决经济学问题是否彻底无效、无能为力，我们唯一需要考虑的就是这些问题的本质是什么。财富现象，正如其自身所呈现给我们的那样，是推理和研究中必须处理的最复杂的现象。这些现象是各种因素相互影响、共同作用、强化、抵消而产生的结果，并以不同方式改变彼此。举例来说，考虑决定某一商品卖价（这一简单现象）的因素的数量——大量的各种形式的影响其需求的条件，同样数量不菲的影响其供给的情形，以及上述两方面中任一因

素因为没有伴随着同时存在的其他条件变化而相应发生改变所产生的任何变化，都一定会引起这一实际现象的变化。现在，当这种高度复杂性决定了现象，当它们易于被同时活跃着的多重因素所影响时，要归纳性地建立起——从具体事实中升华出——这一现象本身与其原因及规律上的联系，有一个条件是完全不可或缺的，即“归纳”一词严格的科学意义必须通过实验得到印证。[25]不过，实验这一方法把研究社会问题和经济问题的学者排除在外。如果有谁怀疑这点，他必须要考虑的是一个实验真正意味着什么，比如在物质科学中正确的归纳必须依据一个充分的理由；它暗示了在进行实验时寻找或生成一系列已知条件作为介质的可能性，并且暗示了在实验进行过程中哪些条件需要保持不变。例如，一个化学家试图发现一种新物质的特性，把它放在一个空气泵的接收器下，或者放在事先精心准备的一种溶液中，其所有的化学成分他都了如指掌。然后在一定情形下给予它刺激，比如改变一定温度或施加电流或电荷的作用。采取这些措施后，他再归纳该物质在上述刺激下产生变化的原因，这是有意义的。进而该物质受特定介质的影响方式也可以由此推断出来。在这里，这种方法是可行的，并且在物质科学研究的更广阔领域中都是可行的，“多重原因”和“效果的混合作用”并不会给通过合适的归纳来解释本质带来任何不可逾越的障碍；实际上，物质科学中许多最重大的发现都是通过这种方法得到的。[26]但是，我不得不说，从至少相同或类似于此的事情来看，政治经济学家必然是被实验排除在外的。政治经济学家研究的主题是人类本身及其利益，他不能把在某一情形中适用的某种方法随意拿来处理这些问题。他必须把经济现象看作它们本来呈现给世界的样子，而不考虑这些现象所带有的复杂性和易变性；但是如果他拒绝利用其他任何方法而只是从如此呈现的事实中进行严格的归纳，那么他也许直到世界末日都不会得出丝毫有价值的结论。除了微薄的经验之谈外，要想从这样的论据中取得进展显然是不可能的。曾经用这种方法发现的经济学或社会学真理，没有一个值得称作科学，并且可以肯定地说，未来也不会有。让人们进行相反思考的是在探究社会或政治问题时，人们经常习惯于结合他们对现象的动机和原理的理解，以至于他们会在不经意间把这当作论证的前提假设。也就是说，他们会相当不经意地把对人类天性或物质、政治条件的理解作为解释事实的指导，而这些事实是由统计学家通过一定方法得到的。毫无疑问，那些或多或少重要的结论有时就是这样得出的；但是，这不是严格表达意义上的归纳推理，只是这种推理承认逻辑分析，并结合了归纳和演绎两个过程。然而巧合的是，存在于没有任何已给出或需要的论据的熟悉假设之上的演绎部分并未被注意，而必须应对新的重大事实的归纳部分却得到了强烈关注；由此得到的观点是，纯粹的归纳推理足以使真理得以确立，而实际上这些真理是通过完全不同的路径得到的。

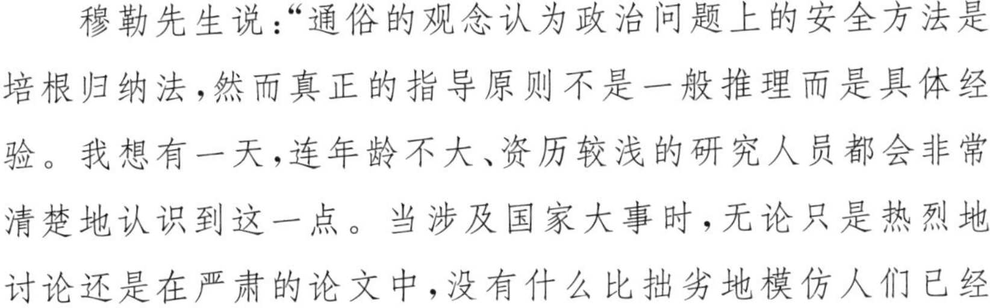

穆勒先生说："通俗的观念认为政治问题上的安全方法是培根归纳法，然而真正的指导原则不是一般推理而是具体经验。我想有一天，连年龄不大、资历较浅的研究人员都会非常清楚地认识到这一点。当涉及国家大事时，无论只是热烈地讨论还是在严肃的论文中，没有什么比拙劣地模仿人们已经习惯于看到的那种实验推理更荒唐了。有人问道,'当遵照一种制度的国家已经很繁荣时,这种制度怎么会是糟糕的呢?''当某种或某些因素推动了一个国家经济繁荣时,没有这些因素的另一个国家能够繁荣吗?'不管是谁使用了这种论调,即使无意欺骗,都应该被送回去学习一些简单的物质科学中的基础知识。如此推理的人忽略了这种特定情形中存在多重原因这个事实,而多重原因是该情形最明显的特征。因此,在这种情况下,能从单个实例的任何可能排序中得到结论几乎不可能,甚至在社会现象中通过做一些表面实验而直接得出有偏见的归纳都是不可能的,恐怕在这种情况下连一个令人遗憾的原因都得不出。因为,即使我们能以一个国家或以全人类做实验,并像麦加德(Majendie)在狗和兔子身上做实验那样没有顾忌,我们也无法让两个例子在每个方面都完全一样,除非存在或不存在某一极端情形。存在于政治领域的哲学意义上最接近实验的方法,就是政府通过某一特殊指定的方法在国家事务中引入新的运行要素,比如某项法律的颁布或废止。但是,因为这里面存在如此多的影响因素,要想让其中的任何一个新的因素在国家事务中变得突出都需要一些时间;而且由于这些因素在相当广泛的范围内不仅数量巨大,并且处于不断变化之中,因此可以肯定的是,在一个新因素能够凸显到成为归纳的一个主体之前,许多其他的影响因素可能已经发生了改变以致破坏了实验。"[27]

以上种种考虑足以表明狭义归纳法在政治经济学研究中并不

完全适用。作为政治经济学处理一类问题必须使用的方法，它要求在经济学研究中进行实验，实验的严格条件对我们认可归纳法不可或缺，而这些条件都是不可能实现的。如果把政治经济学和社会学研究与物质科学的各种分支相比较，那么前者将处于严重的不利位置。但另一方面，我现在却想说明，前者有其独特的优势——如果这些优势得到充分发挥的话，我们可能从中找出一些相当不错的方法来改变这种局面。

第二节

让我们尝试了解一下在物质研究之初，物质世界的研究者所处的位置吧。在当时的情形下，最显著的特征是物质现象以其非凡的多样性和复杂性呈现于研究者面前，与之相对的是，引起这些现象的原因或者其运行规律却没有任何明确的提示。研究者发现自己处于一个巨大的迷宫中，可能并非毫无章法可循，但却找不到任何一个解开这一谜团的明显线索。难怪面对这样的问题时，最初的思想家们渴望一种全面的、能解释所有问题的理论，立刻指引其努力的方向，于是他们想方设法来找到这一重要的理论。培根说："人类思维不可思议地探寻与渴望这种理论，但它可能不会一直悬于空中，而是希望获得一些固定和一成不变的东西，就像置于穹顶之上一样，寄托在旅途中或文章中。"[28]一些基本的力量，一些至关重要且普遍流行的原理通过理智的推理可能会给这个充满困惑且不和谐因素的世界带来一丝光明。相应地，它会获得一些所谓"阿特拉斯式(Atlas)的思想"，这不约而同地指引了早期思想家们努力的方向。他们在坚持持有这样一种观点的重要性上没有错,只可惜采取了错误的方式来维护它,而且也没有进行深入挖掘,而是尝试通过突发奇想来找到它。每个思想家都做出了自己的猜测。根据其中一位思想家的看法,这种基本的原理是“水”;另一位思想家认为是“空气”;第三位思想家则认为是“数”。因此,这些猜测经历了漫长的时代;直到最后,随着物质原因和物质规律(甚至是其存在)的知识通过对其物理效应的观察最终被我们所掌握,真理才变得明朗。正是通过物理效应这一方式,即对物质现象的研究,才得出了发现真理(就算所谓的真理)的方法。换句话说,人们开始发现,对于物质研究,归纳法是所有研究开始时唯一合适的方法。这个道理,从被认识到被运用相隔不远,最终是由培根表达出来的,它引起了科学界的注意,并成为人类遗产的一部分。但有一点值得注意,把归纳法作为物质研究的路径,其必要性完全源于“人类对基本物质原理没有直接认知”这一事实。万有引力定律和运动定律都在这些建立得最好和最确定的原理之列,但是它们所依据的证据是什么?我们不是通过思考反映在我们脑海中的东西,而是从我们的意识中发现了它们;它们也不会显现于我们的感官之中。在宇宙重力的作用下,物质中的每一个粒子都在一个动力下趋向于其他部分,该动力直接根据其质量及其空间反向发生作用;或者,一个物体一旦开始处于运动状态,如果没有反作用力的阻止,将会在相同方向上以不变的速度永远运行下去——这些命题只能通过智慧建立起来。所有这些规律的论据最终都能归结到这一点,那就是,假设它们存在,并用它们解释现象。它们不是任何实际经验的陈述,但是用赫尔伯特·斯宾塞(Herbert Spencer)先生的话来说就是，“真理从我们的实际经验中得出，但是却没有在任何经验中向我们呈现出来”。惠威尔博士说：“人们从具体实验中得出抽象的规律；但一个规律在任何情况下都是与其他规律交织在一起的，并且每个规律只有在假设其他规律已知的条件下才能从实验中得出。”[29]并且，在万有引力定律和动力学规律中正确的东西在物理知识的所有基本原理中同样是正确的。因此，光的波动理论、物质的分子结构理论、惯性学说理论，都同样避开了直接观察，而仅仅通过其物理效应为我们所知。

因此，狭义上的归纳法形成了必要且必然的路径，并且考虑到了人类官能的局限性，通过它，在一开始就使物质研究得以进行。我说一开始便是如此，是因为任何调节物理现象的基本原理都很快被建立起来，一个解决物理问题的新路径立刻被开启。要是研究者已经理解了早期研究者所慨叹的“阿特拉斯式的思想”，那么演绎法——当其在合理检视后被使用时，这种人类智慧运用的最强有力的工具——现在将有可能变得可行。因此，我们在最重要的物质科学的历史中发现的便是：一段长期艰苦的归纳研究，在此期间，土壤已准备好，种子已经播下，最终，常常是几个互不相干的研究者几乎在同一时间做的研究中发现了其中一个或两个伟大的物质真理；然后就是一段收获期，在此期间，通过应用演绎推理，大量以连接高级原理与经验事实的形式存在的中级原理等重大发现很快会硕果累累。因此，尽管阿基米德和古人们做了很多，但是在伽利略及其同时代的人建立了主要的力学原理以前，力学的发展进程依旧十分缓慢；但是一旦力学原理被牢牢掌握，并将演绎过程应用于由此获得的前提假设中，流体静力学和气体动力学及所有

包括在基本原理中的众多小发现便都接踵而来了。[30]正是这样，物理学中的大多数中级原理就不期而至了。但是演绎过程的潜能并不只是在中级原理的发现中才被列举。当与归纳法相结合时，它经常是得出最高层次的物理原理的方法。这其中最突出的例子便是引力定律的发现，它是牛顿主要通过演绎法从由伽利略的发现提供的动态前提假设中得出的。实际上，在牛顿之前，这个问题就表现为近似这样一种形式——找到一种与运动规律既相连接又相符合的力量，它引起了行星运动，这已由开普勒总结过。[31]事实上，万有引力定律在双重意义上说明了演绎法的效力。因此它立即成为了最有效的成果及源泉。正如我刚才指出的那样，这是一种从动力学的规律而来的对行星运动现象进行解释的演绎；并且，一旦建立起来，演绎便成为一种伟大的普遍原理，总是与观察得来的数据相联系，通过它，天文学中后来的所有发现就这样得出了。

> "发现本身远比前面例子所表现得更为伟大，由发现而带来的后续问题更是浩如烟海。许多宏大而艰苦的研究，其中的每一个研究本身都可能被看作是在形成一门广泛的科学，其中的一些研究从当时起一直到我们现在的年代，始终被众多学识渊博而充满热情的研究者们所痴迷，牛顿理论的验证就是这些研究的一个例子。天文学中已经完成或正在进行的每一件事几乎无一例外都可以通过这种方式表述。而且，只有当天文学家穷尽其研究能力的极限时，他可能才偶尔会碰到所谓牛顿理论范围之外讨论的现象。"[32]

那么，似乎归纳法这条路径只专属于物质研究中未解决的基本规律的发现。第一个伟大的物理学基本规律一经建立，演绎法便立即发挥了作用，同时，与归纳法及其他验证方法相结合，迅速拓宽了物理学知识的范围。当然，随着更高层级的新物理规律的建立，演绎过程的应用范围也将扩大；其效果在物理学家所研究问题的逻辑特征方面将会有一个渐进的变化，在他们所用的方法上亦是如此。研究伊始，问题是在给定的现象下寻找原因和规律，而唯一可行的过程便是归纳；但是，随着越来越多的原理被发现，问题逐渐变成另一种形式，即在给定的现象及影响它们的某些原因和规律下去寻找结果中所涉及的其他原因和规律。研究者们渐渐地理解了这两种情况，其任务被缩小到确定其间的联系。

第三节

我一直在努力使你的头脑对物质问题的逻辑本质有一个清晰的把握，就像它在物质问题研究之初所呈现的那样。正如物质本质现在所呈现给其研究者的，其目的是让大家明白物质研究和我们所关注的这类研究之间的相似程度有多少。前面的篇幅中我曾指出，如果和物质研究者相比，经济学家由于被排除在实验之外而处于劣势的话，那么在经济学领域，他们还是存在一些方法可以弥补这些劣势的。现在，弥补这一劣势的情形的特征已经非常显著。经济学家们在掌握了一些基本原因的知识后才开始进行研究。在其事业之初，他就已经处在物理学家经过几十年艰苦研究才得来的位置上。如果有谁怀疑这一点，他就必须去考虑调节经济现象的基本原理是什么。正如我在上一讲所阐述的那样，它们包含下列事实：存在于人类自身中的某些心理感受和生物特性、进行生产所需要的物质条件、政治制度、行业技术状况。换句话说，政治经济学的前提假设就是其他学科分支的结论和近似现象。这些是财富现象之所以产生的源泉，正如太阳系这一现象是物质宇宙中的物质力量和动力学规律产生的源泉一样，也正如光学是刺激眼部神经的光波的必然结果一样。这些假设的发现是不需要精确的归纳过程的。例如，为了知道一个农民为什么投身于生产玉米，为什么他要把土地培育到某一点上，为什么他不进一步培育土地，对于我们来说，没有必要通过从玉米和土地培育的统计到刺激农民生产的心理感受这一系列进程的概括得出我们的知识，另一方面，也没必要从农业生产所依赖的土壤的物理性质中得出某些结论。求助于这个迂回过程是没有必要的。鉴于此，如果我们选择把注意力转移到核心问题上，转移到我们的思维和意识对这些原因的直接认知中，以及我们的感官所传达的信息上，那么我们会，或者也许会得出我们想要的结论。每一个投身于任何事业的人都知道促使自己这么做的动机是什么。不管出于什么目的，他知道自己这样做是在渴望拥有财富；根据他的智慧，他知道自己要选择从最短的路径到达终点；如果没有人为干扰，他会从最廉价的市场买来他所需要的原料，然后以最高的价格卖掉他所生产的产品。每个人都知道，在选择一项事业时，如果其他方面的优势等同，他会选择相对于所付出的代价来说，能够获得最大比例报酬的事业。或者说，在寻找一项他意识到的投资时，在安全性相同的情形下，他会选择收益率最高的股票。至于财富的生产和分配所依赖的其他原因，如生产要素的物质属性、人类在提升潜能上的生理特性，都可以获得直接证据，尽管它们是不同种类的证据。实际上，这些证据不是吸引我们的意识，而是吸引我们的感官。例如，严格来说，随着资本的不断追加，土地的生产力递减规律，是能够通过对土地的直接物理实验而建立起来的，而我们的感官会是这一结果的评判者。如果政治经济学家不去亲自进行实验来建立这样的事实，那只能是因为每个实践的农民都为政治经济学家们进行了实验。因此，对于政治经济学的物质前提及精神假设而言，我们已经完全独立于物质科学的基本原理得以确立的那些精确的归纳过程了。

第四节

因此，经济学家在其研究之初可能被认为已经掌握了调节现象的一些基本原理，这些现象构成了经济学家的研究主题；而在物质研究中发现这些基本原理是研究者最艰巨的任务。不过另一方面，经济学家却被排除在使用实验之外。然而，经济学家在处理问题时，除实验这一强有力的工具外还有一种替代方式，也许值得在这里说几句，即以经济研究为目的而设计出来的假设情形的使用。因为，尽管不能创造适合其研究的实际条件，但没有什么能阻止经济学家把这样的条件带入其思想中，也不能阻止他在仿佛这些条件都存在的情况下进行推理。只要有一些要素开始运行，无论它是一个人、一个物体还是一种政治制度，经济学家都渴望探究它的经济特征。例如，如果他的目的是确定在任何给定区域内的商品交换中货币流通速度与其价值之间存在的关系，那么他可能会做出如下假设:(1)在某一生产行业中进行一定数量和数额的商品交易;(2)有一定量的货币处于流通中;(3)货币在履行其职能的过程中会产生一定程度的效率(穆勒先生解释的意思[33]);(4)已经流通的货币可以有一定程度的增加。设定这些假设条件并假定其保持不变后,接下来将要准备实验场景。虽然增加的货币不能显现于经济学家或其他参与者的面前,但是从其对资金使用的目的及人类进行财富生产和分配的动机的了解来看,探究在假设情况下随之而来的结果将会在经济学家的掌控之下。他会发现商品价格随货币流通量的增大而按比例提高,这一结果将证明"在其他条件相同时,货币价值随其数量增加而下降"这一观点是正确的。还可以再举一个例子,假设研究目标是寻找决定农业租金的规律,经济学家可能需要做出如下假设:(1)农业技术处于某种状态;(2)在资本和劳动按一定比例投入后,土地具有获取某一回报率的能力;(3)当土地耕作达到某种程度后,存在其产出的回报会按比例减少的趋势;(4)不同的土地肥沃程度不同;(5)一类人拥有土地,而另一类人拥有资本并想占有土地进行生产。做好这些假设后,他会考虑已知的动机,农民一方和土地所有者一方进行交易时都会考虑租金,并会推断出与假设情况相联系的土地所有者能够得到的和农民愿意支付的租金数额。进而,决定农业租金的条件将由此得出。此时的结论仅能代表假设下的规律,也就是说,只有在没有干扰因素的情况下,所表达的规律才是正确的。但是,正如我已经解释的那样,这么多的假设条件对于理解所有的科学规律是必不可少的。抛开单纯的经验概括,没有任何自然界中的规律(不管其研究范围属于物质的、精神的,还是经济的)会比假设情况(也就是不存在干扰因素的情况)更正确。那么,我所描述的过程就是一种能了解经济规律的模式;我想你们会认为它处于心理实验的本质之下。实际上,我是说它处于严重的劣势之下,正如对合理的物理过程来说,某一假设条件下的规律不过是替代品一样。因此,尽管大自然的实际操作不会出错,但是在假设实验下总是存在危险的,不管是在推理过程中一些本该存在的条件被忽视,还是已考虑特殊因素的推理中出现败笔。因此,尽可能地通过经济研究所认可的其他验证方式来补充遭受质疑的实验过程是比较合适的。例如,如果经济学家通过上述方法解决了他所研究的问题,那么他可以找一些与其假设的主要情况尽可能类似的实际例子进行验证。找到一个后,他可以观察实际情况中的结果在多大程度上与其假设结论相符合;而且,像通常发生的那样,万一不完全符合,那么他将不得不考虑通过参考存在的已知干扰因素而能够解释的差异性有多大。不幸的是,由于已经指出的原因,经济研究中的验证从来不可能十分完善地进行。但尽管如此,如果细心地进行验证,演绎推理的过程能够提供足够的佐证来证明由上述方法得到的结论是相当准确的,这是经常能够做到的。

通过这种方式,假设在经济研究中可以作为实验的一种替代;事实上,经济学中的许多重要理论都是通过这种方式得出的。李嘉图是运用这一方法最娴熟、最有效的学者。忽视当前流行的政治经济学方法而没有给出更令人信服的论据,这正是那么多人以此为理由对这位杰出的学者进行攻击的依据。实际上,为了在假设情况下引入推理方法,只要问题性质和环境条件允许,李嘉图就会采用实验方法,这种方法在那些诋毁他的伟大成就的人看来,会影响李嘉图的声誉，但正如批评者所表现出来的那样，问题的真正本质是，他们对李嘉图知之甚少。这里有一个他运用经济研究工具的方式的例子。李嘉图所研究的问题是国际贸易的基本原理，他想要说明进口一种产品给一国带来的利益，尽管该国可以以相较于出口国而言用更低的耗费生产该进口产品。初看该问题会觉得略显矛盾，但李嘉图通过一个简单的假设(剥离该问题的所有意外情况，专注于其解决方法所依赖的几个基本条件)就解决了这个问题。很显然，在假定情况下，人类追求财富时的已知动机能够而且只能得到所设想的结果。他说："两个人都能做鞋子和帽子，并且其中的一个人在这两方面都优于另外的那个人。但是在做帽子方面，他只能领先于对手 1/5 或 20%，而在做鞋子方面，他可以领先 1/3 或 33%。如果处于优势的人只生产鞋子，而处于劣势的人只生产帽子，他们都会获利吗？"[34]

为了进一步强调相对于政治经济学的基本假设而言，我所说的物质科学中基本假设的本质，现在我希望你们考虑物质科学知识体系中对假设的不同使用方法。正如我们刚才所看到的那样，政治经济学中的假设是用来给研究者提供一些已知且恒定的条件，而这些条件对于科学的基本假设演绎式发展是必不可少的，但在现实情况中，它却被排除在事件本质之外。我已经解释过，这种方式可以看作是实验的一种替代；另一方面，在物质研究中，由于能够实际创造所需的条件，所以没有必要对它们进行假设，因此，从没这样做过。那么，在物质研究中使用假设出于什么目的呢？答案就是总是作为得出基本原理的方法而运用假设。这样的原理不易被直接证明，通过意识、感觉、臆想、猜测、假设来探究它们是自然的，因为这也许是得到某一原理的唯一可能途径。因此，物理学家构建一个关于那些原理本质的假设框架，然后，继续搜集适用于其猜测正确性的测试条件，也就是说，他通过实验来验证他的假设。这样的过程很显然不适用于经济研究中的类似情况。没有人会构建一个关于人类动机的假设，比如促使人们投身于某一产业的动机，人们更愿意从事有报酬职业而非无报酬职业的动机，或让人们把资金投入到期望带来最佳回报率的投资上的动机等。或者，构建一个关于在给定农业知识和技术的条件下，设定一个应用于土地中的资本和劳动的恒定比例的原因的假设。这不会比任何关于人类生存的延续性和人口增长的决定条件的假设更可靠。在这里，猜测显然是不适用的，我已经阐述过，在关键时刻，在我们的意识和感官中我们拥有自己想知道的直接和简单的证据。因此，在政治经济学中，假设从来不是用以帮助我们发现最终的原因和规律的；正如在物质研究中，它从来不会作为实验的替代而被运用一样。[35]

这就是经济学家和物理哲学家在涉及其要解决的问题的逻辑本质时各自所处的位置。既然这样，我们就不能再进一步忽视物质研究情形中的假设条件，同时也不能忽视物质研究中所提供的先例的真实本质以及经济问题的特征，而再像经常做的那样，认为经济学研究与物理学研究一样只能使用纯粹归纳法。这与忽视经济学家所处位置的独有劣势和独有优势很相似。这是在向政治经济学倡导一种只在物质科学研究中有效的方法，因为物理学家可以利用它与现实中的各种条件相联系，而这些现实条件对经济学家研究的问题而言是不具备的；这同时是在拒绝利用已经掌握的研究工具，这种工具是物理学家经过几个世纪的艰苦努力才获得的，而且它一旦被拥有，就会成为其所有工具中最得力的一个。如果加以正确理解的话，物质科学中的先例教会经济学家的是要把演绎法视为其主要的研究方法；只要条件允许，把通过观察和经验得来的事实作为验证由此获得的结论的方法，同时找到事实与其理论推理间的差异之所在，进而确定导致这些差异的干扰因素的本质。正是通过这种方式，也只能通过这种方式，那些在物质科学中已经达到演绎阶段的经验论断才能得出。也就是说，物质问题的逻辑特征给经济学提供了一个真实的类比。

第五节

联系刚才提到的干扰因素的发现与验证过程，或者换一种表达，影响经济现象的微小因素的发现过程，我们找到了统计数据在经济研究中的合适位置。统计数据是以特定问题为目的而进行整理与分类的各类事实的集合体。而且我们正是通过这种系统化的观察法才能有效地检查和验证我们从科学基本假设中得出的推论的正确性。同时，通过许多我们所熟知的有效方式，同样的方法也使得一些微小但有干扰性的要素运行起来，它们有时会在相当广泛的程度上改变事件的实际过程。后面所说的这些影响因素作用于财富现象的方式一般来说都是不明显的，而且经常是错综复杂的，因为它们的存在并不会自动地呈现在从事更多资本理论发展研究的研究者面前。因此，为了检测出它们，我们必须注意它们产生的影响；正如我所说过的那样，这可以通过在使用统计数据时不断联系演绎推理来很好地完成。

统计数据对政治经济学的作用，与它对已达到演绎阶段的其他科学的作用是没有区别的，理解这一点非常重要。天文学家已记录的观测资料就是天文学的统计数据，用这些数据与理论上的结论（这些结论是从构成该学科假设前提的力学原理中演化来的）进行比较是天文学家的工作，而其目的也十分类似于刚刚的描述。[36]实际上，在那些承认实验的科学中，如化学，是很少使用正式数据的。在这里，数据不是必要的，因为实验能以一种更有效的方式进行相同的比较。但是，化学家所熟知的“残留现象”与那些存在于经济学家的结论和统计学家的事实之间的差异是相当类似的，对此我也一直强调，正是它们使得新元素或新原理在被忽略之前被发现。

这就是调查研究方法，它不仅能在经济研究中发现论据的本质，而且与物质科学中的同样方法类似，只要它们与其所研究问题的逻辑特征相对应，也同样适用于在政治经济学研究中遵循；而且事实上，不管是否被明确地表述出来，这种方法一直被所有这些权威学者所使用，从杜尔哥（Turgot）和亚当·斯密到穆勒先生，他们为经济学知识的进步做出了最有成效的贡献。对这种观点的详细论证将留到下一讲。

第四讲　政治经济学的逻辑方法(续)

第一节

在上一讲的结尾,我指出,调查研究法也适合政治经济学,这不仅与物质科学相类似(至少目前来看是这样的),而且也是由经济研究中论据的性质决定的。实际上,对经济理论发展做出巨大贡献的学者们也一直在使用这种方法,不论他们是否公开承认过。至于这些学者为何如此,一般来说他们可能是这么认为的:那些直接依赖于意识的科学原理,比如我们都想通过最少的成本获得最大的利益,是无须证明的。这些原理已经悄无声息地存在于我们的假定之中了,人们认为无须详尽说明就可以把这些原理作为论据。对于有些容易引起争论的问题,比如生产要素的物理性质和与人口增长相关的人类生理学特征,他们已经把这类论据设定为"无须证明的原理"。举例来说,马尔萨斯有关人口的那篇著名的文章几乎完全致力于确立和演示下面这两个原理,即人类成倍繁衍自身这一物种的能力和在特定农业技术条件下土地提供物质资料的能力。它们是几乎所有重要理论的基石。随后,学者们考虑了由此引起的财富生产和分配的结果,以及在人类智慧指引的作用下,它们如何自然而然地促成了不同生产者之间的劳动分工和产品的相互交换,促成了货币作为交换媒介的使用,随着社会发展而导致了租金上涨,以及导致了人口增长的放缓。然后他们又进一步追踪价值规律、租金规律、利润规律和工资规律,这些规律都来自于相同原理的运用。但是由此得到的结论常常在不同程度上与实际观察到的事实有所不同,因此,他们的注意力被吸引到那些次要原理(严格依照我前文描述的那种顺序)的影响上来,以便以那些更有说服力的因素对基本原理进行修正。所以,亚当·斯密关于不同职业不同工资率的研究完全是对这类次要原理的性质和影响力的一种研究。李嘉图关于"对外贸易"的研究和穆勒先生关于"国际价值"的那些研究都是具有类似特征的研究。再比如"国际交换",探究产生国际交换的特定原因的目的就是为了修正一般的价值规律。同样,西尼尔先生的文章"论货币取得成本"也是类似的一个例子。

将统计数据很好地应用于经济学研究的最好例子可能就是图克(Tooke)先生的那部名著《价格史》。货币理论中最重要也是最基本的一个原理就是:在其他条件不变的情况下,货币价值与其流通数量成反比。19 世纪初,在关于货币价值与流通数量的讨论中,这一原理直接被认为是成立的,而不只是假设(比如排除干扰因素后的假设)上成立,并作为唯一的,至少是最重要的理论来调节总体物价。商品价格的所有波动,至少在很重要的程度上看,应该归因于货币(包括硬币和银行纸币)流通数量的改变,这个理论被重金主义者和货币不可兑换论的拥护者们认为是理所当然的。[37]然而图克先生对那一时期商业和货币历史详尽考察的结果表明，价格与货币流通数量之间并不存在各类权威学者们所认定的那种对应关系。这正是借助统计调查方法揭示出抽象论断的结论和实际现象不一致的一个例证。由此可以毫无争议地推断，要么是确立结论所依据的逻辑过程存在问题，要么就是一些影响现象的因素被忽略了。[38]图克先生发现，之前学者的理论在以下两个方面犯了错误：第一个错误是在推理的过程中，没有将货币的特征（更确切地说是货币“所谓的”特征）[39]对价格的影响与对银行因票据贴现而发行的可兑换银行券的影响区别开来；第二，忽略了与银行票据具有同样效用的其他各种形式的信用在作为购买力时对价格产生的影响。图克先生对于这一问题的进一步调查研究得出了一个关于物价和货币流通关系的新价格理论，它甚至完全颠覆了以前的某些铁律。比如，该理论认为，货币流通数量不是决定物价总体水平的有效原因，而是这一现象的结果；物价的波动先于货币流通数量的波动，而不是滞后于这种波动。此外，该理论也首次担负起对货币现象分类进行解释这一重任。

这就是政治经济学中的调查研究方法，它不仅仅是用事实反映出本质，而且与物质科学中的方法相类似，并被学术权威所推崇。

第二节

为了更清楚地说明这一方法的特点，也为了帮助大家更清晰地理解这种方法对经济问题研究所起的作用，我将以一个特定的经济学规律为例，研究它所包含的论断的本质，探讨它得以被确立或被反驳的依据。

“生产成本决定可自由生产的商品的价值”是一条基本的政治经济学规律。我可以把商品的“生产成本”解释为生产商品所必需的劳动力、物质消耗和风险；“可自由生产的商品”可以理解为任何人只要愿意付出辛苦和花费成本就可以生产出所需数量的商品。以上即为这一政治经济学规律的含义，那么就让我们考虑一下，“生产成本决定价值”这一论断的本质究竟是什么。

难道它意味着自由生产的商品总是确定无疑地按生产成本的相应比例进行交换吗？换句话说，在这些商品每次被交换时，它们的生产成本正好相等吗？如果这条定律想表达这个意思，那么这一论断显然是不正确的。举例来说，在英国，小麦和大麦都是可自由生产的商品，一英石普通小麦将以现价(1856—1857 年)交换到平均一英石略多的普通大麦。但是一英石小麦的生产成本要比一英石大麦高很多，以至于生产小麦的农民认为如果他不能获得比上述所提到的报酬多出接近一半，自己就没有获得等价的报酬。再对这一规律做另一种解释：它的意思是从较长的时期平均来看，可自由生产的商品的价值与其生产成本一直成比例。从这个意义上来讲，这一规律也无法经受严格的检验。举例来说，英国的棉织品和美国的烟草都是可自由生产的商品。任何人只要有必要的条件，都可以生产出他想要数量的棉花或烟草；然而美国和英国间的烟草和棉花贸易，即使从较长时间平均来看，它们交换的价值也不符合其对应的成本——一般说来，与一定数量的美国烟草相比，与之交换的英国棉花所花费的成本更高。

那么从哪种意义上说，“生产成本决定可自由生产的商品价

值"这一陈述是正确的呢？答案就是，在没有干扰因素下，假设地看，这句话是成立的。或者换一种说法，这条经济学规律不是在阐述一个事实，而是在阐述一种趋势。因此，回到我前面的例子，事实上，小麦和大麦以其各自的生产成本按比例交换是不正确的，因为与一定量的大麦相交换的小麦需要更多的劳动力和物质消耗；但小麦和大麦确实趋向于按照它们的生产成本来进行交换，[40]证据就是与小麦的价格相比，当前大麦的高价将会导致下一季大麦的种植面积扩大，小麦的种植面积减少。也许相对生产数量上的变化并不足以使其价格变得与成本相称，可能下一年大麦的种植面积将会进一步增大，小麦的种植面积将会进一步减少。或者可能这种变化使大麦的产量过高，以小麦价值为基准的大麦的价值可能会低于其生产成本。在这种情况下，第二年的小麦和大麦种植面积的变化会反过来。但是，无论结果如何，无论算法是否受到季节变化或者其他因素的影响，商品的价值接近于其生产成本的趋势是不变的，是始终如一的。[41]借用穆勒先生的例证，在万有引力的作用下，海水的高度总是趋向于一个既定的水平，尽管实际上连一平方米的海水也没法在哪个时刻达到这个既定的水平。在我给出的英国小麦和大麦相对价值的例子中，尽管两种商品的交换价格在任何时刻都不会严格地与它们的生产成本相一致，但如果这种交换持续更长时间，就很可能看到在大多数情况下那种一致性的趋势确实足够精确地存在。但在另外那个英国棉织品和美国烟草之间交换的例子中，情况则并非如此。正如我已经观察到的，就算我们选取一个相当长的时期内两种商品交换的平均价值，这个平均价值与它们各自的生产成本也不一致。

那么,在这个例子中“生产成本决定可自由生产的商品价值”就不成立了吗?我的回答是,万有引力定律不会因为摩擦力的作用能够抵消其力量而失效。这条规律的运行同样受其他因素干扰并可能改变其最终结果。这个案例为我在前面章节中所做的陈述提供了例子。政治经济学中的规律,尽管是从不容置疑的事实中通过逻辑推理得来的,但是在应用到外部现象中时,这些规律仅仅是假设性地成立。“生产成本决定可自由生产的商品的价值”由无可争议的事实逻辑推理得来,即人类都渴望获得物质福利并且反对无偿劳动。简单地看这两条原理,它毫无疑问符合人类渴望以最少的劳动力支出获得财富的事实。因此他们不会用消耗较多劳动力的物品,去交换一个消耗较少劳动力的物品,这其实是生产成本决定价值的另一种说法。只有在没有其他因素干扰的情况下,上面描述的那两个规律才成立。比如爱国就可能会干扰到上述原理的运行。一个英国人可能更喜欢长期不变地用一磅棉花去交换一定数量的烟草,尽管后者耗费较少的劳动力,他也不会去美国自己种植烟草。因此,在国际交换中,一个新的原理——“爱国”便开始发挥作用了,并影响了由成本论推理出来的一些主要原理的运行。其结果就是国际交换中的价值可能偏离了基本规律给我们指出的方向。回到之前引用的例子,假设一个物体在一个斜面保持平衡。任何理解万有引力定律的人都不会说这是该定律的失效:万有引力定律没有失效,只是被另外一种力——摩擦力所抵消了。同样,生产成本定律也没有失效,只是在国际贸易中,一种像摩擦力一样的干扰因素影响了生产成本规律的运行结果。在那个物理学的例子中,减少平面的摩擦力之后,重物将遵循万有引力定律开

始下滑。以同样精确的方法,减少国际交流的障碍,减少国际偏见的力量,一般价值规律会立即生效,国际价值将会更接近所交换商品各自的生产成本。

从经济规律的这一概念来讲,经济规律可以被描述为一个假设的真理,而不是一个确定的真理;它代表的不是实际发生的,而是趋向于发生的,或者是不存在某些干扰因素的情形下将要发生的。这样,我们可以毫不费力地理解这一经济规律所依赖的那些论据,理解针对它的各种争论,进而在它被质疑时,据此进行反驳。

经济理论并不是关于经济现象次序的探讨,我们不能仅凭对这些现象的记录就对其加以确立或反驳,也就是说,不能仅凭相关工业或商业活动的统计或文献资料就对其加以确立或反驳。但是,由于经济理论反映了从在一定物质条件下运行的人类天性的原理中所归纳出来的一种趋势,因此它只有在证明这些原理和条件存在、这一趋势是从这些论据中得到的必然结果时,才能够被确立。如果它被质疑,要么是这些原理或条件被假定为不存在,要么是这一趋势不是从这些假设中得到的必然结果,只有这时,它才能够被反驳。因此,在经济推理中,假定论证过程的逻辑部分是合理的,那么最终在任何情况下都需借助于人的意识或某些外部事实,即某些精神规律或物质规律。实际上,这已经是一种论据,证明政治经济学的所有原理都可以看作是已经被确立、被认可的学说。政治经济学的所有原理都可以看作是一个争论主题,在众多杰出学者的耕耘下,那些有争议性的问题最终会越来越少。

第三节

《国富论》的读者一定记得该书开篇不久的一段话:劳动分工的存在可以追溯为人类天性的某些原理在人类所处实际环境中运行的产物。在提到低等动物为了获得为其服务的人的青睐而采用谄媚劝诱的手段之后,亚当·斯密继续阐述道:

> "人类对同胞有时也采取这种手段。当他没有其他方法使同胞按照自己的意愿行事时,他会卑躬屈膝以博取他们的欢心。但是他们没有时间每次都这样做。在文明社会里,他随时都需要许多人的合作和帮助,而他的一生也难得获得几个人的友谊。在几乎所有其他物种中,每个个体在长到成年时,几乎都能够完全独立,自然状态下不再需要其他同类生物的帮助。但人类几乎总是需要同胞的帮助,仅仅期望他人的善意是徒劳的。只有他能够把其他人的自我利益为己所用,并告诉他们为他做事对他们自己也有利,他才更有可能被接受。不论是谁,如果想要和他人做交易,都得这么做。请给我那个我所要的,你也能获得你想要的,这句话就是交易的意义所在。我们所需要的绝大多数东西都是依照这种方式获得的。"[42]

类似地,借助商业交易中的利己主义原则以及贵金属作为可携带商品的物理属性,亚当·斯密推翻了重商主义的教条,建立了

自由贸易理论。

> 他告诉我们："没有任何其他商品能够比金银更容易、更准确地根据有效需求来调节自己。因为金银的体积小、价值大，没有其他商品比金银更容易地从一个地方运输到另一个地方——从便宜的地方运输到昂贵的地方。"
>
> 他继续阐释道："一个本国境内没有金银矿藏的国家，毫无疑问要从别国输入金银，就像一个自己没有葡萄园的国家必须要从别国购得葡萄酒一样。有足够资金购买葡萄酒的国家，总能够在它需要的时候购买到葡萄酒。有足够资金购买金银的国家，也绝不会短缺金银。像其他商品一样，金银也是以一定价格购买的。正如金银是所有其他商品的价格一样，其他商品也是金银的价格。我们有十足的把握相信，不需要政府任何关注的自由贸易，总能够给我们提供所需的葡萄酒；我们同样有把握相信，它也同样能提供金银为我们购买和使用，无论是在商品流通领域，还是在其他用途方面。"[43]

其中的原因，尽管没有明说，但文中已清楚地暗示：利己主义原则使法国和西班牙的葡萄酒生产商将本国的葡萄酒输出至我国，同理，利己主义原则也足以使得金银的生产商为我们输送金银。正如上文的例子指出的那样，只要我们准备好回报以合适的价值。

同样，针对同一学派的另一理论——贸易规制中的关税和进口禁令对一国的商业繁荣不可或缺，亚当·斯密这样认为：

“这是为了引导私人应该以何种方式来利用其资本的一种理论,在几乎所有的情况下,它都是一条无用或有害的规制。如果国内的产品可以从国外以更便宜的价格购入,该规制显然是无用的。如果情况不是这样,那么它一般必定是有害的。如果一件物品在购买时所花费的代价比自己生产的花费少,那么就不要自己生产,这是家庭生活中每一个精明人都知道的箴言。裁缝不会自己做鞋,而会向鞋匠购买。鞋匠不会自己做衣服,而会找个裁缝来做。农场主既不会缝衣,也不愿制鞋,而会找不同的工匠去做……私人家庭尚知这种做法的精明,泱泱大国更不会做蠢事。如果国外供应给我们的产品比我们自己制造的便宜,最好还是从国外购买,而我们则生产那些我们自己的产业更有优势的产品。一国的一般产业总是按比例利用资本,所以该产业并不会因此萎缩。至于上文提到的手工业者的情形,剩下要做的只是找到最佳利用资本的方法。把资本用于生产本来可以以更便宜的价格买到的产品,当然不是一种利用资本的最佳方法。把资本从本该生产具有更高价值的产品中撤出,其每年产生的价值当然或多或少会减少。”[44]

无须我多言,在整个推理中一以贯之的就是利己主义原则。贸易管制,要么没有作用,要么有害。它不利于国家财富的增长,因为在贸易交往中,人们会自然而然地追求个人私利。如果让他们自己选择,他们自然而然地会从事自身具有优势的行业。因此,一个国家的一般产业并不会因为贸易自由而消弭,反而会最大程度地发挥资源优势。换句话说，这会使资源创造出最大数量的财富。这是符合实际的。亚当·斯密随后提及历史事实，并引证了西班牙和葡萄牙的案例来说明商业管制措施对这些国家贸易的不利影响。但是，你也会观察到，当他援引历史时，通常是作为例证或是用于证明。他从来没有将其视作该理论的基础。他首先运用人性的基本原则与外部世界的物质事实打下深厚基础，随后援引的历史事实仅仅是在举例说明已成立的规律的运行模式。

再举另一个最伟大的经济学家的例子。自亚当·斯密时代以来，政治经济学上最重要的发现之一是李嘉图建立的对外贸易理论。正如穆勒先生所指出的那样，“在此之前，对外贸易理论处于一片混乱之中”。李嘉图的理论可大致简述为：两国之间商品交换的决定因素并非之前假设的生产所交换商品的绝对成本之间的差异，而是相对成本之间的差异。例如，玉米和铁，可能在瑞典生产的价格都要比在英国的价格低，那么瑞典和英国之间就不必然有玉米和铁的交换；但是如果两国的玉米和铁的相对成本有所差别，那么利己主义原则将不可避免地促成商品交换的产生。我已经在前文中引用了李嘉图的论述，他在文中借用一个简单的假设来说明这一状况，通过对人类从事生产和财富交换的动机的直接论证，建立了这一经济学理论。因此，在与萨伊讨论租金理论、利润理论和税收理论时，李嘉图也无一例外地对这些问题予以解释，要么是用一些已获承认的人类行为原理，要么是用一些物质事实。比如下面的这些问题：什么是土地的生产能力？在其他条件不变的情况下，当投入增加时，投入的回报率与之前相比是相同、变大还是变小？农民在劣质土地上耕作是否会使其回报率降低？在土地耕

作的问题上,是否存在临界点,在该点以后土地耕作中所使用的资本和劳动力的回报不再增加?农民对个人利益的追求是否会使耕作程度达到这一临界点?同样的考虑是否会阻止他们进一步提高土地的耕作程度?是否存在各种不同肥沃程度的土地?是否可能相对于投入,只产生平均利润而不是更多?如果每个人都考虑自己的个人利益,那么农民之间的竞争会不会迫使土地租金上升,直到留给农民的收益仅仅是平均利润率?同样的动机会不会阻止他们进一步提高租金?生产农作物的成本差异是否决定了租金水平,即高成本极大地提高了土地租金而低成本较少地提高了土地租金?让我们假设对初级产品征税——农民不愿意交税,因为交税他就无法获得平均利润,这将迫使农民把自己的资金从土地上撤出。他为了避税会减少耕作面积进而减少支付的租金,还是把税收负担转嫁给消费者,因为消费者的需求会使其愿意支付更高的价格而不是减少消费?那么为了保障农民投入资金所需的最低利润率,是应通过降低租金还是通过提高价格来维持?如何确定这些临界点的研究就是租金理论、利润理论和税收理论。

这些例子——要想再举例还有更多——足以说明政治经济学大师们为了证明其发展需要何种论据,为减少其争议需要关注何种问题。在任何情况下,当对方的逻辑过程被认为是正确的时候,最终一定要借助于某些精神原理或物质原理,因此,其方法也必须严格与经济规律的本质所要求的一致,正如我已经描述的那样。

第五讲　经济问题的解决方案及其不完美性

第一节

在上一讲提到适合于政治经济学的研究方法时，我首先审视了经济规律所包含的一些论断的本质，以及建立或者反驳经济学规律所需要的论据。基于对上述问题的研究，我得出以下结论：所有经济规律表示的不是事物发生的先后顺序，而是它们遵循的一种趋势；因此，当运用经济规律对外界事物进行分析时，只有排除了干扰因素，规律才会成立。经济规律只是一个假设性真理，而不是确定性真理，它根据某些精神原理和物质原理的必然结果推导出来，它只有在证明这些假定的原理存在，而且它们推断的趋势具有逻辑必然性时，才能够被确立；它只有在证明这些原理不存在，或这些推理不正确时，才能够被反驳。我试图从所有这些方面证明，经济学规律的特征与那些物质科学规律的特征是极其相似的，而这些物质科学规律是从它们所属学科的基本原理中获得的，或者是可能获得的。

到目前为止，在政治经济学中理解的“规律”与更先进的物质科学中理解的“规律”是非常相似的。在本讲中，我想提醒大家关注这两种规律不再相似的情形，以及经济学规律发展过程中这种不相似产生的结果。物质科学和政治经济学这两种研究的相似之处在于，规律表达的都是影响现象的一种持续的趋势；但对于物质科学来说，规律的完美性体现在，除了要指出一般趋势，还要用精确的数值表达式表述这种趋势发挥作用的程度。

> 约翰·赫歇尔爵士说：“呈现精确的数学表达式是所有更高层次的规律的共同特点。所以，人类智慧发现的最普遍真理——万有引力定律，不只是指出所有物质互相吸引这个一般事实。它不仅对随着距离的增加吸引力会减小进行了阐述，而且用一个精确的数学比率表示出这种吸引力减少会在哪个位置发生。所以，当给定任何距离时，都可以准确地计算出引力的大小。同样，对于结晶学规律，当给出天然物质的聚合的内在力量以及固定角度和比例的几何数字时，它能够算出天然物质的存在形式。这与严格的数学表达式具有相同的本质特征。如果没有这个本质特征，就不能从中得出确定的具体结论。”[45]

再举个例子，化学反应方程式的使用使化学成为其规律可以定量描述的那类科学。因此，化学家不仅可以描述在已知条件下特定物质发生化学反应的一般性质，还可以事先计算出生成的化合物中几种元素的确定比例。然而，这种堪称完美的程度对于政治经济学，更不用说法理学、语言学或者任何以人性原理为前提假设的学科分支来说，似乎是不可能达到的。[46]尽管这些原理的一般特征可能已经被探究，尽管对其足够精确的描述可能已经构成重要结论的基础，但是这些学科的本质决定了它们不可能像物质世界的“元素”和“力”那样被准确地称重和测量，它们也不能用算术或数学表达式表示；因此，可能出现的情况是：当我们依靠这些规律的明确结论或相对优势去推测结果的时候，是无法获得完美的精确度和准确的数值的。所以从这个角度来看，政治经济学必然被排除在精确科学的范畴之外。[47]在下面这几个例子中，经济学规律的这种性质将体现得更加明显。

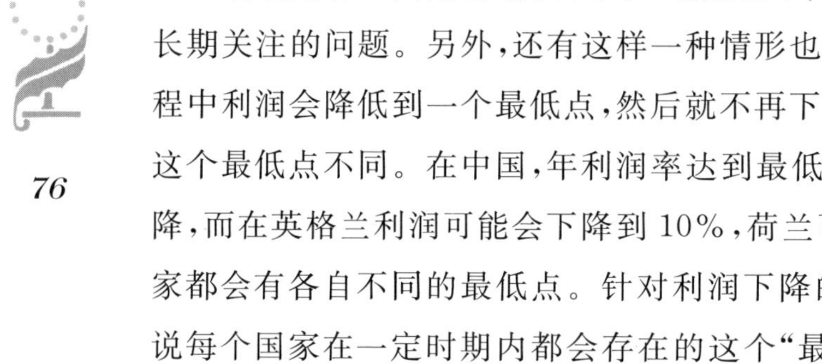

利润随着一国财富增长和人口增加而下降一直是经济学家们长期关注的问题。另外，还有这样一种情形也被注意到，即在此过程中利润会降低到一个最低点，然后就不再下降；并且不同国家的这个最低点不同。在中国，年利润率达到最低点 30% 后就不再下降，而在英格兰利润可能会下降到 10%，荷兰可能会更低，其他国家都会有各自不同的最低点。针对利润下降的这个最低点，或者说每个国家在一定时期内都会存在的这个“最低利润率”，穆勒先生认为是由“欲望积累效应”这一原理的运行导致的。这种“欲望积累效应”理论可以表述为：它刻画了财富积累的欲望超过那些人性原理的程度，那些人性原理（比如喜爱安逸、渴望及时享乐等）会阻碍财富积累欲望规律的运行。当一个人放弃眼前的享受，将他拥有的财富作为资本创造更多的财富时，他是为了通过生产性的资本获利增加财富总量。为此，他需要放弃现有的闲暇，投入到忙碌劳累的工作当中。如果没有这种对利润的渴望，他根本就不会用所获得的财富进行再生产。他没有动机去这么做。他有可能会在需要的时候将财富消费掉；如果他希望保留一些财富用于未来几年的消费，而非在没有对利润的渴望的情况下冒险去进行再生产，他也可能会把它们换成钱，并存放在安全的地方，在需要的时候随时取出。既然对于利润的渴望会使人们克服自身的懒惰、抑制及时行乐的欲望，那么很明显，满足这一目的的最低利润率则取决于对人类本性中反映出来的渴望累积财富的特质与相反特质（也就是追求安逸和及时行乐这一特质）的关系。如果前一原理相对而言表现得更强烈，那么足以促使他从事财富生产的欲望减小——换句话说，因为没有足够的动机来阻止这一趋势，利润可能会下降到更低的水平。因此，这一情形表明：由于生产要素的特性所要求的某些条件，在一国财富和人口增加的过程中，利润存在一种下降趋势，而且还存在一个点，在该点上利润将停止下降，这个最低点由欲望积累效应的作用决定。在这一问题中，我们掌握的所有知识把它分解为如下的一般事实：这种趋势确实存在，并且下降的最低点取决于特定的条件，但由于我们没有办法准确判断这一结果所依赖的那些原理的影响力度（无论是正向作用还是反向作用），我们无法事先预测在哪一点上会达到均衡，也就是说，在试验之前，我们不能说出在某一特定国家这一最低利润到底是多少。我们接下来将这种情况与物理学中可以达到的精确性进行比较。当一个天文学家预测彗星在太空的轨道时，他不会满足于说明一种泛泛的事实：彗星受到某些反作用力的影响，它携带的这种作用力的影响将会使它具有飞出太阳系的倾向，在某个速度点上万有引力将会超过这一作用力，而且在这一点上它的轨道将发生反转。天文学家不仅告诉我们这些，而且还会进一步告诉我们，在万有引

力超过阻止彗星进入外层轨道的这一作用力之前，彗星必须运行的精确距离。他能够做到这一点，是因为他不仅知道万有引力定律和运动定律所代表的天体运行趋势，而且还能得到作用力的精确的数值表达式——而这种精确度是政治经济学中的原理所不能达到的。

再举一个关于不确定性的例子，前提假设的这种不确定性使得经济学的结论也存在无法精确表达的特点。我们都知道一个普遍规则，与生活必需品相比，人们更容易放弃虚荣的奢侈品。我们可以肯定地得出如下结论：在没有其他干扰因素的条件下，当一个国家一种日常食品的供给量与必要性相对较弱的物品的供给量同时减少时，前者比后者价格上升的幅度更大。例如，当小麦和丝绸的供给量同时减少 1/3 时，小麦价格的上涨幅度会比丝绸价格的上涨幅度大。事实上，一些学者已经试图在这个一般性陈述的基础上，以列表形式表达在食品数量发生一定程度的短缺的情况下，其价格的上涨幅度。根据 17 世纪末期格雷戈里・金（Gregory King）的计算，一种主食的供应量短缺 1/10，其价格将会比通常水平上涨 3/10；供应量短缺 2/10，价格会上涨 8/10；供应量短缺 3/10，价格会上涨 1.6 倍；当供应量减少一半的时候，其价格将比通常水平上涨 4.5 倍。[48]然而，如果我们思考一下价格上涨的原因以及哪些因素决定了价格上涨的幅度，那么很显然，这种计算的精确度缺乏可靠性，因为达到这种精确度的必要条件是不容易实现的。

由于小麦的供给量短缺（短缺的数量已经给定）而引起的小麦价格上涨取决于以下两个条件：第一，在短缺发生时人们放弃其他

替代物的意愿——人们有能力购买足够数量的替代物来获得平时小麦所提供的营养；第二，人们放弃购买替代物的货币额，也就是他们的一般购买力。现在，如果我们能准确地度量这种意愿以及消费者行为产生效果的具体货币金额，并且也知道小麦供应量短缺的精确数据，那么我们就可能得到在给定情况发生时，小麦价格上涨的精确数值。但是很明显，以上这些条件都不能精确地实现。即使不考虑精确地取得解决问题必不可少的其他重要数据的难度，比如一个地区购买力的大小以及购买力在不同阶层之间的分配方式，人们舍弃一种满足而得到另一种满足的意愿（比如放弃虚荣而追求舒适，或放弃体面而表现出饥饿）显然也并不容易精确地度量，它更不可能达到像物理学中的力那样用公式表达出来的程度。

政治经济学前提假设的这种不确定性特征在应税商品税率变动对其消费产生的影响上表现得更突出。人们常常会发现，一种消费品（如烟草）的税率降低，税收总量随后会增加，但是如果税率继续降低，税收收入则会下降。如果关于一个地区居民对烟草的偏好和购买力，以及烟草和其他商品的支出比例是已知的，并可以用一个数学公式准确地表达，我们事先就可以精确地找出烟草的税收收入达到最大值的那一个点；那么重大改革将会立刻作用于我们的财政系统，而不会有失败的风险。但是由于我们无法精确地弄清楚人们的意愿，甚至是其中的一部分，所以从这一点上来看，我们不得不求助于试验性的尝试，能得到该最大值粗略的近似值就足以令我们满足，而且这一近似值的得出可能是以相当大的收入损失和给公众带来不便为代价的。

我已经仔细思考过，应该让人们注意到我们的经济推理中的这种不完美，正如作为政治经济学家，我欣然知道我们所处位置的优势和劣势一样，我们不应该因为无法获得的精确性就对经济学中无可置疑的真理产生怀疑和猜忌。众所周知，马尔萨斯人口理论中的著名公式断言：人口数量将会以几何级数增加，物质资料则会以算术级数增加。在提出这一论述的过程中，马尔萨斯没有过多阐释，以便让每一个直率而智慧的读者立刻明白，更没有对这一重要原理给出确定的概念；对于根据其原理所得出的结论，他也丝毫没有依赖数学公式予以精确的表达。然而他的反对者却没有对这个问题紧抓不放。他们认为这一理论是一种数学表达，因此它必须保持严密性，否则，马尔萨斯的论断就会立即被认为是一种臆想，他的结论就会被认为是病人的一种幻觉。

第二节

这就是经济学规律的特征，它与物质科学的规律在几乎所有方面都很类似，后者同样通过类似的演绎推理的过程而得到，但是有一个重要的区别就是经济理论很难做出定量的描述。那么我们现在所处的位置是，需要了解在解释经济现象时，经济规律的适用程度如何。要解释一种现象或者解决一个问题（两种表述方式都一样），就是用一些已知或公认的理论对相关事实进行解答或解释。比如说，要解释行星在太空的运行速度，就可以运用已知的动力学原理对速度的阐释。要解释“露”这种物理现象，我们需要运用反射和热传导的原理以及水蒸气的凝固原理，并且还需要考虑特定的外部条件。在这些条件同时满足的情况下，露珠才能被观察到。如果我们承认这些规律是存在的，那么我们就会看到这些现象一定会表现出来，而且是以其本来的样子表现出来。同样，租金这一经济现象也可以被这样解释，它是处理存在于土地上的特定物质财产的人类利益交换的必然结果。在这个例子中，如果我们承认人们在处理土地的过程中是追求自身利益的，最肥沃土地的供给不是无限的，特定区域可获得的产量也不是无限的，投入的成本会随着产量的增加按比例减少，那么我们就可以看到，或者说通过这些事实进行推理我们就可以看到，在社会发展过程中租金这种现象会表现出来，并且受我们可以找到的那些因素的影响而时涨时落。到目前为止，经济问题的解决方案和物质科学问题的解决方案是非常相似的。在每个例子中，这一过程都是从基本事实出发，追溯到该科学的基本原理的源头来解释问题。如果它是一个物质科学问题，就追溯到物质科学的基本原理；如果是一个经济问题，就追溯到政治经济学的基本原理——也就是说，追溯到其原理所依据的精神规律和物质规律。除非建立现象和规律之间这种清晰的联系，否则任何物质现象或经济现象都无法得到解释。如果解决问题所依据的规律确实存在，而且这些规律是由构成要解决问题的精确事实的必然结果推导出来的，那么该问题的解决方案就被认为是完美的。[49]

很显然，即使我们的推理是完全正确的，解决方案也可能是不完美的，这既可能是因为我们对这些现象的发生所依据的规律的认知存在不确定性，也可能是因为我们无法了解规律发挥作用的精确情形。也许除了天文学，所有的学科在这两个方面都无法达到绝对的完美。然而大多数高级的物质科学都能够满足第一个条件,却通常不能满足第二个条件。回到前面关于“露”形成的例子,辐射、热传导以及水蒸气的冷凝现象都可以用数学公式准确确定,但是露形成的环境——大气状况以及各种不同主体的状况,是不能准确确定的。正是因为这样,问题的解决方案是不完美的。虽然根据热和水蒸气原理,我们知道在特定的情况下,“露”一定会出现,但我们无法准确了解实际环境是什么样子,无法根据这些原理说出到底可以生成多少数量的露珠。因此,我们无法确定我们的解决方案是否或多或少存在不足,也无法确定是否有影响结果的其他原因被我们忽略了。

我们已经知道,政治经济学所声称的规律无法精确地进行量化描述:我们又进一步指出,解决一个给定问题所需要的其他资料,也就是解决方案发挥作用的特定环境,尽管通常宣称它们是可以衡量的,但在实践中,很难像所宣称的那样完整地用数字表示出来。比如,最近经济学家和商人都非常关注一种经济现象,即从去年(1856 年)开始,白银大规模地从欧洲出口到东方国家。人们找出了很多原因,从不同的方面来解释这个问题。首先,英国工资的普遍上涨——一方面是因为商业的繁荣,另一方面是因为新的金矿的发现——使得英国需要更多的货币去购买东方国家的产品。其次,欧洲大陆丝绸作物种植的失败,迫使欧洲人从印度和中国进口了大量丝绸,从而使欧洲国家对这些国家的债务增加。最后,俄罗斯战争期间,与俄罗斯的贸易中断,被迫从东方国家进口原本从俄罗斯采购的亚麻籽和其他商品,导致对东方国家的债务进一步增加。此外,中国的农民起义(应该是指太平天国运动。——译者

注)也促使我们从东方国家囤积商品。除了以上所有这些原因,来自于加利福尼亚和澳大利亚的黄金供给量增加,使黄金的价格相对于白银来说有所下降,在那些金银复本位制的国家(主要是指欧洲大陆的国家),黄金逐渐代替了白银在流通中的地位,从而减少了白银的需求,降低了白银的价格。考虑到上述这些不同情况,以及一旦有机会人类就去追求财富这一规律的运行,我们很容易想到,欧洲国家向东方国家出口白银是必然的结果(除非其他相反的因素产生相同力度的效果能够抵消上述因素)。把上述所有因素放在一起,再考虑到目前为止可以确定的出口规模,就能够对目前存在的白银流出现象进行解释。但是,这些解释足够完美吗?它们能够更加充分吗?我们是不是有必要寻找一些在相反方向上起作用的原因,以求更全面地解释我们看到的结果呢?

我们来看另一个例子——过去四年居高不下的玉米价格(1853—1856年)。人们认为造成这一现象的主要原因是,从澳大利亚和加利福尼亚大量进口黄金导致黄金价值下降。然而,一些学者认为,黄金的价值并没有下降,玉米价格较高只是由于1853年整个欧洲玉米歉收导致供应量减少,同时俄罗斯战争爆发导致无法从俄罗斯进口;这里没有考虑自由贸易的反向影响。如果政治经济学是一门精确的科学,那么我们就可以立刻计算上述原因造成的影响,并且将计算结果与实际市场价格进行比较。但是,因为存在我已经解释过的原因,这种计算根本无法进行。即使我们可以获得这一时段内玉米产量和进口量确切而可信的数据,我们仍然无法知道这将会对价格产生什么影响,因为涉及这一问题的其他前提假设是不确定的(比如人们需求的相对强弱,消费者对财富支配的程度），更不用说影响未来产量预期的各种因素（比如天气的变化和其他国家的产出情况）。[50]所以，在讨论这个问题的时候，我们不得不使用一些或然的、常常具有推测性质的资料。当然，据此得到的结论也难免具有或然的、推测的性质，因此无法得到像物质科学的结论那样精准而明确的结论。

第三节

我非常仔细地思考过经济问题的特点及其可接受的解决方案的完美程度，因为在我看来，那些在公共媒体或其他地方参与经济讨论的人，很少有人明白作为研究财富问题的政治经济学，其要完成的任务究竟是什么。以下非常公正的评论——摘自去年10月的《统计期刊》（*Statistical Journal*）中，我的前辈沃尔什（Walsh）先生写的关于白银从欧洲向东方出口的一篇文章——将会解释我前面已经提出的困惑："有一种模式值得我们注意，在这种模式中，人们自欺欺人地认为他们可以解释这种现象。我曾经见过有些人把自己标榜为'中国商人'、'东方商人'等等——他们试图通过这些名字表明他们对于贸易问题的熟悉及权威。然而他们只是在说明到底发生了什么，却想当然地认为告诉了我们为什么会发生；事实上他们所做的只是告诉我们白银出口到东方国家这个事实，因为白银的确出口到了东方。1856年2月2日，一个人在写给《经济学人》（*Economist*）的信中指出，这个问题的直接答案是，白银贸易的原因在于金银代表了目前商业中最赚钱的行业。他拒绝对这个问题做进一步解释。答案是非常正确的，但是和事实一样微

不足道。如果这一贸易无利可图，那么没有人会继续从事它；但问题是，是什么原因使它可以获取异乎寻常的高额利润呢？对于这一问题，作者并没有告诉我们。还有些人把问题游离到对影响白银出口的机制上而进行长篇大论——用这里的一张账单来抵消其他地方到期的另一张账单，用一个地方的货物去换取另一个地方的货物，最后他们很高兴地认为他们告诉了我们原因，其实他们只是讲述了过程。为什么一个人正在乘船渡河？因为他被带到船上。但是他为什么上船，这才是需要回答的问题。同样，阐述白银出口的途径和方式并没有回答白银为什么会出口到东方国家。我们真正要知道的不是白银出口的机制，而是使该机制运行的原因。”换句话说，在人类追求财富过程中发生的与人类利己主义相关的什么样的事实或事件导致了实际的结果——白银流出。

我想每个人都会遇到这样的瓶颈，当他们被经济学难题压迫得喘不过气来时，很容易使用格言“万事皆有所终”来回避问题——这种解释并没有明确告诉我们确切使用何种方法才能达到所希望的高度。《观察家》[51]的一个作者试图在一些非常奇特的理论的支撑下，利用“刺激”（*stimulate*）和“吸收”（*absorb*）这两个词来解释这一问题。除了其他一些自相矛盾的观点，这位作者坚持认为，黄金的价值，不仅没有在近期由于开采量的增加而下降，而且以前也从来没有因为开采量的增加而下降。不仅如此，黄金开采成本的下降也不会使黄金的价值降低。作者在假定黄金产量的增加迄今为止没有对价格产生影响后（并没有给出这一假定依据的统计资料），做出了如下解释：“贵金属的供给量增加刺激了全世界该行业的发展，并且确实产生了大量的财富，它们本身就代表了这些财富,被财富吸收了。”他进一步胡言乱语说:“但是,澳大利亚和加利福尼亚的黄金开采,以及与之相伴的白银的开采会继续进行下去。[52]人们很可能会问,最终它们的价值会不会下降。我们认为是肯定不可能下降的……相反,随着产量的增加,它们会被不断增加的财富和人口吸收。”

奇怪的是,归谬法本应该很容易就否定这一论断。如果无论黄金的数量是多少,这个理论都适用的话,那么这种刺激与供给量的增加成比例。因此,不管产量增加多少,刺激都会同等程度地增加——财富就会增加相同的程度,增加的黄金就会以相同的程度被吸收。根据这一理论,如果黄金的产量和铜矿一样丰富,或者它和海边的沙子一样多,那么它就不会再像原来那么有价值,一定数量黄金的价值就不能再代表同样数量的其他物品。

令人遗憾的是,作者并没有告诉我们,他的论点中所谓的对行业的“刺激”是以何种方式运作的,所谓的“吸收”是如何产生效果的。根据通常的观点,这种“刺激”似乎并不会引起价格的上涨。对此他断言,黄金的产量没有增加的趋势:即使需求增加,产量也不会增加,因为需求增加只能通过价格上涨体现;也不会通过下调利率而增加产量,因为近年来的高利率臭名昭著。另外,对于“吸收”的具体运作方式,我们也同样一无所知。[53]

这种解释经济现象的方式让我们想起哲学家对某些物质研究的解释。惠威尔博士提到了那些哲学家坚持的一个学说:装满灰烬的空容器可以装满相同容量的水。在这个例子中,“吸收”的神奇能力被归因于灰烬,而《观察家》的那个政治经济学家把“吸收”的魔力归因于财富和人口。

无论是在政治经济学中还是在物质科学中，我们在试图解释一种现象之前，首先要确定这种现象是否真实存在。这个基础问题解决后，我们就可以运用与现象相关的基础科学原理来解决问题，而不是运用含糊不清的词语和大量的假设来解决问题。在政治经济学中，这些基本原理是人类天性的某些已知的特质和外部世界中某些已知的事实。

第六讲　政治经济学中定义的地位和目的

第一节

现在是个比较合适的时机，该谈谈政治经济学中定义的地位和目的了。在政治经济学中，就像在其他所有包含种类繁多的事实和对象的科学研究中一样，我们通常会根据特定的研究目标，依据这些事实和对象的关联性和密切程度对其进行一定的整理和分类，这恰恰是最为重要的，它构成了调查研究过程中不可或缺的组成部分；而且，我们还有必要对已经归类的和不属于同一组别的现象用不同的名字进行命名。在确定性科学中，这两者构成了定义的整个过程。对于这两个过程，我们不得不说，前者（分类）无可辩驳地具有更重要的作用，因为分类本身就是极为困难的。正如我刚才提到的，分类涉及的问题是将特定研究中包含的现象按照与相关研究目标的关联程度进行排列整理。然而，在研究的初始阶段，这是非常困难的。因为，要做到这一点，了解这种关联程度以及它们在研究中的相对重要性显然是不可或缺的。但是，对物质科学的研究者而言，这恰恰是在其研究的入门阶段根本无法实现的，其实无论对于哪个领域的研究者都是如此。那么我们下一步应该怎样做呢？简单地描述一下通常的处理情形：先进行一些粗糙的、暂时性的排列整理，例如考虑研究的目标和最终目的，事物所显现出来的表面现象；而后，随着研究过程的深入，新的联系会表现出来，更重要的定义也会被揭示出来，我们再利用已获得的更多的知识去矫正和修订最初的草稿。这是进行每一项新的科学研究必须实施的过程，由此可见，除非是极个别的例外情况，分类不可能在一门确定性科学的早期阶段完成，这时它是非常不完美的。而且，随着其知识的不断发展进步，确定性科学的研究者必须做好准备，不断地对分类和由此形成的定义进行修正，以便把知识进步产生的更好的观点和更准确的思想带入分类和定义中。学者们从来不能确信他们的分类是确定的，更不用说他们会确信他们的科学会止步于缺少绝对的完美。

第二节

约翰·赫歇尔爵士指出（138、139 页）："从系统论的观点来看，命名与其说是知识扩展的一种结果，不如说是它的一种原因。只是为了能够谈起一个事物，任何人可能会随意地给它起个名字；但是，为了使名字能够立即体现其在所属系统中的位置，我们必须要了解事物的特质，必须建立起一个足够大、足够规范的系统来接纳它，使这个名字只属于这一系统中的一员，而不会与其他相混淆。因此，就科学的本质目标而言，我们似乎不得不怀疑，是否有必要对于系统命名法如此极端地坚持。假设科学的确是完美的，我们对分类体系的意见是一致的，那么自然中的每一个事物就应该在某一分类中有其位置，每一个事物就应该准确而清晰地属于这一分类而不是其他，每一个事物就应该在这一分类中获得一个名字，并且以后永不改变。但是，只要事实并非如此，事物间新的联系总有一天会被发现，我们对于如何强烈坚持分类的建立与扩展就必须非常谨慎，因为它以严格命名法为基础人为地给事物命名。尤为重要的是，我们如何才能不因为目标而误用方法，不因为坚持命名归类而牺牲便利性和清晰性。”

以上所有内容都非常适用于政治经济学，就像适用于其他任何物质科学一样。财富的生产和分配理论的第一批研究者在其研究伊始很难知道，对构成这一研究主题的事实和对象进行怎样的整理是最有助于得到结论的。所以，他们只能采用那些当时看起来最可能成功的整理方法，而在对现象进行研究之前，这种方法自然就是处理政治和社会事务时最熟悉的分类方法。但是，随着研究的展开，经济现象中事物之间更根本性的联系会浮出水面，对现象重新整理、对经济语言进行相关修正就变得必不可少了。而且，经济术语相对于它的日常用法而言，在某些时候其含义可能相对较窄，而在另一些时候其含义则可能相对宽泛一些。从这一点我们可以很明显地看出，不管怎样，在研究的初始阶段，对定义进行详尽的阐释都是错误的。这不仅多半会使付出的劳动付之东流，因为随后的研究十之八九会提出种种理由大幅度地修改最初的分类，无论当初是多么认真地做这件事；而且，正如约翰·赫歇尔爵士指出的，像在物质科学中出现的那种情况一样，在事物本应该表现为灵活而有弹性的那个最重要的时期用命名法给它一个严格的定义，往往是一种阻碍知识进步的行为。相应地我们发现，政治经济学早期的研究者们虽然为这门学科费尽心思，却并没有在定义上过多劳心费神。例如，在杜尔哥、亚当·斯密和李嘉图的经济学著作中，定义的数量屈指可数。然而，这并不是反对将科学命名法逐步引入政治经济学中，因为知识的进步意味着我们自然而然地会对那些在最初的解释性文章中被忽略的情形给予必要的重视。这样，命名法起到了双重作用：一方面，它反映了对已获取信息的一种记录；另一方面，它提供了一个框架或支撑，建设者可以在此基础上建造更高的建筑结构。我之所以将命名法比作一个脚手架，是因为我们必须牢记，在政治经济学中，就像在所有的确定性科学中一样，分类、定义和命名都是脚手架，而并不是地基，因此，我们必须随时准备好要做的一项工作是一旦发现它妨碍了整个建筑建设的进度，就要对它进行改动或者拆除。

前文中我刚刚提到李嘉图几乎并未对事件和对象给出定义，但毋庸置疑的是，李嘉图将政治经济学带入到迫切需要对事件和对象进行定义的新高度。我认为，未必当然如此，这要求他的继任者努力尝试在不断发展的学科中对定义的目的应该是什么予以正确的理解。我还认为，政治经济学还远没有达到这样的阶段，即完全命名法（任何观点都能够被定义的命名法）能够建立起来或者说是可以努力尝试建立起来的阶段。不过我们可能已经达到了这样的程度，即政治经济学中的一些较为基础性的概念已经构建起来，并能够得到比较精确的运用。但是，即使是这样，我们必须承认，这一学科还远远没有定论。因此，我们的定义必须仍然仅仅被看作是暂时性的——是随时可能被修改的，或者随着知识日趋严谨，也可能会被完全舍弃。

第三节

关于分类这个问题，我要再说几句。在有关定义的争论中，那些最常见的反对意见是建立在这样的假设前提下的，即认为定义所表现出来的特征应该是事物本来的样子，而不容许边界不清。基于这样的假设，反对者继续解释说，虽然一些定义考虑到了例外情形，但是对于那些处于定义界限边缘以内的事实和对象，仍然不能很清晰地把它们与那些在定义界限边缘以外的事实和对象区分开来。拿一些边界不清的例子来说，定义的创立者很难将它们归类到具体的定义中。那么对我来说，这种反对意见似乎忽视了科学命名法在政治经济学和所有确定性科学中得以成立所需要的必不可少的条件。在这样的科学命名法中，定义是建立在对事件和对象进行分类的基础上的，容许“边界不清”是所有物质事实的一个基本特征。正如我们之前所说的，自然界中并没有绝对的边界。举例来说，在动物界和植物界之间，应该在哪里划分它们的边界。确实，只有植物界可以分解出碳酸，但是并不是所有的植物都能分解出碳酸，例如通过其他植物或者寄生植物来获取自身所需的碳元素的菌类植物和一些寄生植物。一些植物可以像动物一样进行感知活动，而某些最低级的动物并没有肌肉和神经。墨菲（Murphy）先生说：“如果植物可以像动物一样进行感知活动，如果有一大类的植物都与动物一样不分解碳酸，如果最低级的动物没有肌肉和神经，那么动物和植物还有什么区别吗？我的回答是，我认为

在自然界中没有绝对的或者某一确定的边界。”[54]外部的对象和事件之间通过细微的差异掩盖彼此。因此，以对这些对象和事件进行分类为目的的定义，就必须建立在依据其特征的那些情形的基础之上。反对意见还假设，按照我们的定义所形成的想法进行分组，可以清晰地对自然界中的事物进行区分；因此，如果定义的区域是明确的，那么定义的边界之外就是与其对立的外部事实。但这种观点实际上是一种错觉。在现实世界中，并不存在着如此清晰的界限划分。如果我们在分类时人为地划出这种区域，那么我们应该记住，这种区域说到底只是虚设的——是所谓的“人类刻意为之”，它必然表现出人类智慧的局限性，这种局限性使得人类无法从总体上认识和掌握自然界，而且这种区域在事物的现实世界中可能并没有其真实的对应物。但是，请不要误解我的意思。我虽然说我们的分类是人为的，但如果是正确的，它们就是建立在事实基础之上的人为的分类。在对事实和对象进行分类和定义中所体现出的差异是真实存在的，尽管那些事实和对象处于边界的某一侧并在不易察觉的界限上融入彼此，但仍体现出其显著特征。人为的成分不是在于所定义事物的特质，而是在于那些对具有这些特质的对象与不具有这些特质的对象在本质上并没有被清晰地区分开来的猜测。因此，我们看到的那些落入到边界线上或者是似乎落入到边界线上的情形并不是对分类的一种有效反驳，也不是对建立在分类基础上的定义的有效反驳。这只是事物本质上不可避免的。但是即便如此，如果在落入边界上的那些情形中，定义所反映出的那些差异——认识这些差异将帮助研究者实现其所期望的研究目标——恰恰是事物本身最应该反

映出来的，那么分类以及以此为基础的定义就是好的分类和定义。

第四节

定义过程中的另一部分内容是命名，尽管命名在定义中不如分类重要，但它仍然在确定性知识的进步中担负着一定角色。关于这一问题，穆勒先生所说的下面一段名言值得我们深思：

> "任何时候，只要问题的本质允许我们的推理过程不冒风险、一字一板地进行，语言就应该尽可能严谨有序地组织；而在相反的情形下，如此组织的语言则会对其灵活性产生极大的障碍。"[55]

那么就其研究主题的本质而言，这里提到的政治经济学的哪些分类应该被看作是落入了这样的情形呢？在分类中我们的推理过程应该是不冒风险、一字一板地进行，进而其中使用的语言应该尽可能严谨有序地组织；还是按照相反的理论，尽可能地阻止语言以严谨有序的方式进行组织？我会毫不犹豫地说，政治经济学在很大程度上不应该属于那种其推理过程毫无重大风险地、一字一板地进行的研究。因此，在这种研究中，为了解释命名法而引用的这一名言的后半部分所提出的原则应该被遵循。其实关于这一问题，穆勒先生在自己著作中对其进行了完整而广泛的哲学阐述，[56]我们在这里并不做深入探讨。但是如果有人质疑这一立场的合理性,我建议他仔细想想经济理论得以建立的思维过程。如果他遵循在任何实际情形中进行论证时所遵循的过程,我相信他会发现,要进行正确的推理,最重要的条件是在每一个论证的步骤中,推理者应该尽可能充分地掌握具体、确凿的事实,而且这些事实应该用专业的术语表达出来。我想,随着这些事情的完成,他会发现遵循这一条件的经济推理能够带来具有真正价值的成果;而不满足这一条件就可能或多或少会存在错误,而这些错误会在经济研究的过程中反映出来。因此,不仅在政治经济学中,而且在任何社会学研究中,我认为最重要的是,我们命名的术语应该尽最大可能地服务于不断揭示其要表示的事物和对象的固有本质;为了达到这个目的,借用穆勒先生的话,我们的经济术语"应该尽最大可能把最多的含义纳入其结构中","使用派生词和近义词能够帮助我们认识到所有这些都是它们含义的表述"。

上面这句话解释了经济学家在这方面可以利用的资源,也解释了在政治经济学的定义问题上会遇到的特殊困难。让我们暂时先留意一下物质科学中的情形,它提供了基于我们这里所提到的原理而建立的命名法最完美的例证。命名法在化学中的应用体现了重要性和技术性的统一——重要性体现在化学术语的构成要素不论是取自于现有的语言还是古老的语言,都把其原来的含义赋予到新事物中;技术性体现在化学术语的现实形态仅仅是作为科学命名法的成员而被使用。例如,氧气、氢气、碳酸盐、铁的过氧化物,这些名词都意义丰富,但是除了被用于表示某些已知的化学元素或化合物之外,没有其他用途。从命名法的重要性和技术性这两个性质我们可以看出,它在化学科学中具有重大的优点,因为由此得到的化学术语可以把它们所要表示的具体事物显著地区分出来。而且这些术语只被用于表述特定的事物这一专门目的，并且从未在日常用语中使用过，这样它们就可以避免令那些使用它们或者听说它们的人混淆或误解。下面要考虑的问题是，要为政治经济学构建一种命名法来实现在化学中同样的目标还有多远的距离呢？在我看来，接近这一结果似乎是可行的，但仅仅是一种接近而已；因为政治经济学中的专业语言远远无法达到像化学术语所达到的那种完美程度。根据这一结论，我认为应该这样解决这一问题：政治经济学中的专业术语取自于日常语言，它不应该像在化学中那样仅作为其命名的构成要素，而应该这样说，要构成其完整的命名。在任何时候，是否有可能像在化学中所采用的方式一样构建出经济学的命名法好像根本就不值得考虑。实际上，政治经济学这门学科已经通过日常语言的形式发展起来。正是通过日常语言这一媒介，所有最伟大的政治经济学思想家已经把其观点表述出来。正是在这种日常语言的包装下，世界已经熟悉了这些观点。因此，即使不存在其他阻碍性的因素，现在再考虑以其他形式重新表述政治经济学的那些理论很可能已经为时已晚。诸如生产、分配、交换、价值、成本、劳动、物质耗费、资本、利润、利息、工资等词语无论好坏都已经属于政治经济学命名法的一部分。所有这些词语已经从有其实际含义的日常用语中被抽取出来，尽管在日常语言中它们也在被不断使用。就这些词语而言，它们足以能够完成化学命名法两个功能中的第一个（我们总是假设它们是通过深思熟虑才被使用的），也就是说，能够足够生动地表示具体的事实或对象。它们的不足之处体现在无法实现化学命名法所要求的第二个功能，即毫无偏倚地想到我们想要表示的确切的事实和对象。

事物的状况是这样的：鉴于上面已经阐述过的原因，经济学家认为依据某一原理对财富现象进行分类是必要的，实际上这一原理为经济学家进行自己的研究提供了便利。因此，他不得不对这些根据日常用语所形成的分类进行命名。但是，日常用语并不是为了满足经济研究的便利而形成的，只是以另外一种角度表现出来。它的特征和分类并不能总是普遍地与解释财富现象所要反映出来的那些最重要的特征和分类相一致。而且，即使这种一致性在某种程度上比较接近，一个不断使用的术语在日常讲话中也会不可避免地与其他含义混合在一起，特别是那些在与科学研究目的无关的某些语境中所反映出来的含义，因此它们可能会变成推理过程的障碍。相应地，像在化学和一般物质科学的命名法中很容易就可以达到的精确性，在政治经济学中却是无法达到的。事实上，政治经济学中的命名确实满足了含义丰富这一条件。它比化学中的命名法更加生动，能够用专业术语表述出想表示的具体事物，但这一优势是以牺牲精确性为代价的——一些最重要的词语，从严格意义上来看存在不确定性和模糊性的不足。一些可行的补救措施是必要的，我们可以从两方面着手。首先，在正确分类容许的前提下，经济学术语的定义应该与日常用语尽量贴近。当然，有时候经济学术语必须表示一些含义、承担一些局限性，而这些是在日常语言中它们并不会表示或并不需要承担的，因为如果不这样，分类的目的就无法实现。因此，没有什么站得住脚的反对理由能说明经济学定义不

能与日常用法相一致。但是尽管如此，我们应该充分认识到偏离日常用法是经济学术语的一个缺陷，甚至可能变成一个严重的缺陷。第二个补救措施是无论经济学术语被使用在哪里，其清晰度和明晰性至关重要。当它的经济学含义与其日常用法不同时，要谨慎地选取那些可能带来理解上的较大差异的含义。虽然有上面的警告，但实践中仍然可能随时会陷入这种两难的情形，尽管语言环境提示应该使用术语的日常含义而不是经济学含义。

第五节

现在我们对前面讨论所得到的结论进行总结：

1.在政治经济学中，衡量一个定义是否是一个好定义的最重要标准是它应该准确地表述事件和对象的特征，而这些特征对于阐述财富现象应该是最为重要的。政治经济学的命名法是好是坏，是有帮助还是有阻碍，取决于它究竟是真实而恰当地展现了这些特征，还是武断地、任意地、不恰当地反映了这些特征。

2.只要满足上述条件，经济术语应该尽可能地使用它们的日常用法，尽管严格地按照日常用法可能使经济术语与实现恰当分类的要求不一致，但稍稍偏离其日常用法的情形并不能成为对经济学定义的站得住脚的反对理由。

3.在其定义的事物和对象中，经济学定义所描述的特征可能存在“边界不清”的问题，但它也不能成为对经济学定义的一种站得住脚的反对理由。因为从事物本质上看，这是不可避免的。

4.就经济学目前所处的阶段而言，所有的定义只能被看作是暂时性的，可以预见，随着经济学知识的不断进步，这些定义会不断被校正和修改。所谓准确无误的完全命名法在目前阶段还不成熟，如果被确定下来或被广泛地接受，它极有可能成为一种障碍。但是现在是时候对一些最基础性的经济学概念给予更加精确的定义了，不过要记住这些概念仍然是暂时性的。

第七讲　马尔萨斯人口理论

第一节

我在本课程开篇的一讲中曾提到，政治经济学的一些基本原理目前还存在尚未解决的问题和不令人满意的状况，你们很可能还记得，我把其原因归结于当前流行的关于政治经济学理论特征的那些松散的、不科学的观点，以及支撑或反驳这些观点的各种论据。这使得我在随后的几讲中非常详尽地解释和说明了政治经济学这一学科的特征和逻辑方法。接下来的内容，我会以一些基本原理为例，通过演示有关政治经济学的特征和方法的不科学观点的产生方式，来论证一直以来我所坚持的论题的重要性，即我曾提到的那些不同观点的差异性缘何产生的问题。

我能想到的关于政治经济学的基本理论之一就是由马尔萨斯提出的人口理论，尽管该理论在最近几本刊物中备受抨击和争议。用一讲的内容来关注（更不用说是令人满意地回答）过去已经存在的或者现在可能仍然存在的极力反对这一理论的各种意见，显然是不可能的。即使可能的话，也是没有必要的，因为它们中的绝大多数已经从马尔萨斯本人那里或者是从他的继任者那里得到了完整的答案。因此，我所关注的那些反对意见，要么是观点比较新颖，要么是最近才被某些经济学家所提及，要么是从其逻辑特征上看，它们最适合于演示我所要论述的经济学方法。

但是，为了让你能够理解这些反对意见的力量，我有必要先阐述一下这些反对意见攻击的那个原理。

著名的马尔萨斯理论包括下面的观点，即"存在这样一种固定的趋势，所有有生命的生物的增长快于其所需的食物供应的增长"。或者专门针对人类指出，"人口的增长往往快于生活资料的增长"。无论是从我已经阐述的经济学原理的特征来看，还是从这一命题本身的专业术语来看，你都会意识到这里论述的实际上不是人口增长快于生活资料增长，这在物质上理所当然是不可能的。你可能还会意识到在现实中生活资料的增长应该远远快于人口增长的事实与这一原理并不一致。你可能还会评论道，这一原理并不像马尔萨斯所说的那样不易受到言论上的批评。"人口的增长往往快于生活资料的增长"这句话是一个省略句，人们很自然地会通过这样的解读把这个省略句补充完整，即"人口增长的趋势往往快于生活资料增长的趋势"；但是补充为"生活资料增长的趋势"根本就不合适。我提到这一语言上的不准确，并不是因为聪明公正的读者可能会被这句话所误导，而是因为我看到这句话总是被反对马尔萨斯的学者所提起。但是，不考虑语言上的吹毛求疵，马尔萨斯所要阐述的，也是他的论著的目的就是要证明：在人口增长和生活资料增长之间存在一种恒定趋势，即就人类这一物种增长所依赖的人类本质力量和特质而言的人口增长速度，将数倍于就外部世界的实际环境和人类可获得的自然资源的力量而言的生活资

料的增长速度。

马尔萨斯建立这个命题所依据的推理过程如下:他首先论证了人类增长固有的能力和特质,即人口原理的自发力量。接下来,要发现这一原理的真实特征,正确的路径是考虑没有相反情形阻碍时,该原理会怎样运行。于是,马尔萨斯举了一个例子。在这个例子中的外部条件最有利于人口理论不受干涉地发挥作用。这就是新殖民地的例子,在这些新殖民地中,随着殖民者一声令下,人口以及文明化的所有资源进入一块新的处女地。在这些新殖民地中,他发现排除外来迁入的人,殖民地内部的人口通常会在二十五年后增长一倍。[57]这种增长速度当然不能归结于这些地区居民的身体或精神上的特殊特征或异常因素,只能归结于人口原理发生作用的有利的外部环境特征。由此他得出的结论是:二十五年里人口增长一倍这一增长速度表明了人口原理本身的力量,这个原理就是,人口总是会以一定的速度增长,而这个速度就是在没有受到相反原理的阻碍、没有受到维持生命的物质能力的阻碍时人口增长的速度。另一方面,在看待人类处置所获得的生活资料的方式的问题上,马尔萨斯认为,从物质上看,生活资料不可能以同样的速度增长。地球表面的面积是有限的,适合于耕作并能够被人类所利用的部分就更加有限。伴随着人口增长,从有限的土地中获取食物的难度就更加困难。[58]例如,目前差不多每年可以生产供4,000万人消耗的谷物,有可能在二十五年后,通过改善农业生产方式,每年可以生产供8,000万人消耗的谷物;或许可以想象的是,通过把英国大陆上每一小块能耕作的土地都进行最高程度的耕作,在五十年后有可能每年可以生产供1.6亿人消耗的谷物。

但是，可以肯定的是，英国每年生产的谷物不可能永远以这样的速度继续下去。然而不那么肯定的是，考虑到人口增长的能力，英国的人口可能会以这样的速度增长下去，再考虑到人类在这方面的自然特征，人口可能会永远以这样的速度增长下去，除非被食物的不可获得性阻滞——这就是说，只有那些不受控制的具有相反特征的原理的运行才有可能会阻滞人类的这种能力和特质。

因此，马尔萨斯考虑到这些事实后得出的结论就是我刚才对该理论的表述——人口的增长速度总是数倍于生活资料的增长速度，人类自身的增长总是比他所能获得的生活资料的增长速度要快。然而正如我刚才所言，无论增长趋势怎样，人口的增长不可能比生活资料增长得快，因为没有食物人类就不能生存。进一步的研究表明，在大多数国家以及所有发展中国家里，生活资料的增长实际上是快于人口增长的。因此马尔萨斯把注意力转向了那些与这一原理相对立的理论，即抑制人口增长的自然力量的理论。他发现这些理论被简化地分为两类，并把它们分别称为道德性抑制和积极抑制。道德性抑制包括了所有阻碍人口数量增长的自然力量和人类特质方面的原因，它们包括了从婚姻到恶习这两个极端中间能阻碍出生率的所有因素。积极抑制包括那些引发过剩人口早亡的因素，具体包括食物匮乏、饥荒、疾病和战争等。

第二节

概括地说，这就是马尔萨斯的理论，这就是马尔萨斯理论得以确立的推理过程。至于它的重要性，怎么形容也不过分，因为历史

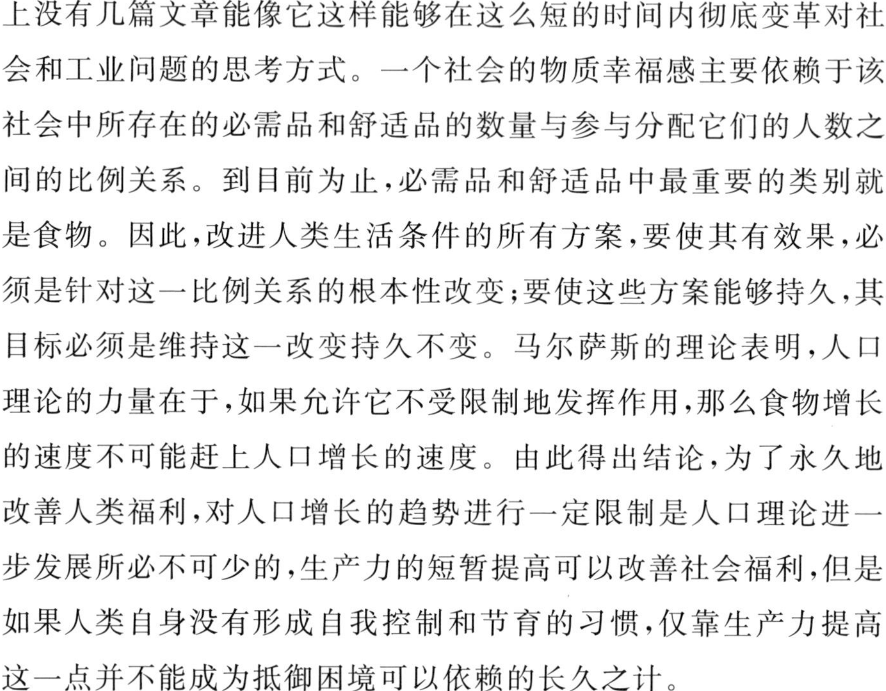

上没有几篇文章能像它这样能够在这么短的时间内彻底变革对社会和工业问题的思考方式。一个社会的物质幸福感主要依赖于该社会中所存在的必需品和舒适品的数量与参与分配它们的人数之间的比例关系。到目前为止,必需品和舒适品中最重要的类别就是食物。因此,改进人类生活条件的所有方案,要使其有效果,必须是针对这一比例关系的根本性改变;要使这些方案能够持久,其目标必须是维持这一改变持久不变。马尔萨斯的理论表明,人口理论的力量在于,如果允许它不受限制地发挥作用,那么食物增长的速度不可能赶上人口增长的速度。由此得出结论,为了永久地改善人类福利,对人口增长的趋势进行一定限制是人口理论进一步发展所必不可少的,生产力的短暂提高可以改善社会福利,但是如果人类自身没有形成自我控制和节育的习惯,仅靠生产力提高这一点并不能成为抵御困境可以依赖的长久之计。

马尔萨斯理论同时还发现[59],用他自己的话来说就是,"人口因为生活资料而产生的持续压力"为开启许多社会和历史问题之门提供了钥匙。例如,它揭示了这个世界为何人满为患,亚洲的牧羊人为何离开原始的出生地,希腊人为何抛弃数量庞大的殖民地,北方的野蛮人为何被迫大规模迁移,大量的移民如何把英国的人种和语言带到地球最远的角落等等这些问题的潜在原因。

同样借助这一原理,马尔萨斯能够对当时由戈德温(Godwin)、欧文(Owen)和其他人狂热倡导的共产主义方案给出一个完整而有哲理性的答案。因为,这些方案并没有能够对实施节育提供鼓励措施,还废除了那些已经存在的控制人口增长的措施。仅仅从无法实现人口改善这一点上看,这些方案就是有缺陷的,它们没有为过剩的人口提供保障措施，当然就没有为人口过剩一定会引起的匮乏和困境提供保障措施。

马尔萨斯从人口理论中演绎出来的实践经验也非常重要。在《人口论》写作的那个时期以前，政治家对所有政治问题流行的观点是，稠密的人口是国家繁荣最有力的保证，政治家的首要任务是鼓励人口增长。正如高雅的滑稽演员所演出的，早早结婚并支撑起一个大家庭的老实人比那些一直单身而空谈人口的人更真实地服务于社会。正是在这一错误观点的影响下，殖民地的开拓[60]不被鼓励，因为这会导致母国人口减少，而《济贫法》却在人口乘数式增长上产生了更大的直接影响，这远远超过了它在削弱个人节育上的间接影响。总之，任何促进社会进步的方案，只有在其潜在影响成比例地促进人口数量增长时才能得到认可和支持。正如我已经解释的，马尔萨斯的推理所得到的结论直接反驳了这一观点——它解释说，就人口数量来看，可能带来的风险因素不在于短缺，而在于过剩。因此，社会进步的方案被认可与否不在于它是否会成比例地促进人口增长，而在于它是否会提高那些能将人口数量成比例地控制在生活资料的合理限度内的自我控制和节育措施的质量。[61]

这就是马尔萨斯的伟大工作给社会和政治的理论与实践所带来的重大成果。在我看来，马尔萨斯所遵循的引导他得出结论的唯一路径就是通过这条路径，他发现了重要的经济学事实。你将会看到，他所运用的方法与我在前面章节中所提到的政治经济学的科学方法完全一致。他首先思考的是一个已知的人性原理的特征和力量，他考虑这一原理得以运行的真实的外部条件；他追踪假设这一原理在前面提到的那些条件下不受约束地运行会产生什么样的结果；而后他探究这一原理在实际中受到约束的程度；最后他研究在存在约束条件影响的情况下，其反向效果具有哪些特征。通过这些方法，他找到了人性原理的根本原因，得到了人类在生活资料方面的物质条件所依赖的外界事实，并首次为财富分配理论中的重大问题提供了解决方法。

第三节

讲到这里，关于马尔萨斯的理论我们已经说了很多，现在我们来看一些这一理论的反对意见。其中最著名的一个学者便是牛津大学政治经济学教授里卡兹（Rickards）先生，他近年来开始反对马尔萨斯理论。他的著作《人口与资本》的主要部分专门对马尔萨斯的观点进行了详尽的攻击。里卡兹先生提出的反对观点并不是全新的，[62]但与我所看到的其他文章相比，他的陈述更加充分、更加清晰，因此，我会使用他陈述的一些观点。下面这段话就摘选自刚才提到的他的那本著作：

> "很显然，有两种方法可以比较人类和生活资料各自的增长速度。当然我指的是，第一种方法和第二种方法都可以计算出要么是抽象的、要么是具体的增长速度，要么是潜在的、要么是实际的增长速度。例如，我们可以根据经验所表明的自然规律来研究，剔除那些阻碍长寿和提高死亡率的抑制因素的作用（这些因素在实践中可能会降低某一社会中人口的

数量),多长一段时间内在一定社会中人类的数量能够增长一倍。另一方面,我们可以在假设不存在阻止其乘数式增长的障碍的前提下,估计出能够为人类提供生活资料的动物或其他资源的潜在增长率。通过这种方法,我们可以确定,人口和生活资料这两者中的哪一个能够在特定时间内更快地扩张。或者我们也可以采用另一种方式来检验这两者相对的增长速度——我们可以比较在某一社会或所有社会的实际状况下人口的增长和生产的增长。在所有现存的社会中,存在一些阻碍人类这一物种成倍增长的阻滞因素。同样,也存在阻碍动物和植物物种无限制增长的阻滞因素。我们应该在计算时同时考虑这两个方面的阻滞因素的作用。如果愿意的话,我们可以参考实际的状况——依靠过去的经验、当前的情形以及所有阻碍人类繁衍及其生活资料增长的社会、道德和政治因素——来计算在某一国家中,或者在整个世界中,人口增长和生产增长的相对速度实际上到底是多少,以及以后可能是多少。这两种比较方法的任何一种方法都是合理的、符合逻辑的。我还想补充一点,后一种方法可能更容易得出对实践来说有意义的结论。但是第三种方法却一定会把我们引入一条只能得到错误结果的错误逻辑道路上,这种方法根据未经检验的自然规律,比较一国人口的潜在增长与生产的实际增长,它没有考虑这些规律对一方可能产生反向作用效果,而直接把它们加入对另一方的估计中。所以,当我们使用这种方法得出算式时,算式两边的规模大小严重不相等也就不足为怪了……

"但是，详细阐述整个争论的根本性错误所要求的只不过是审慎关注这一观点。马尔萨斯所提出的与人口的潜在增长相比较的生活资料的增长率到底应该是多少？在所谓最有利于增长的条件下，现有动物和植物的潜在增长率并不是相对于人口所需生活资料而言合适的增长率，即'可以自由运用资源'，没有阻滞因素或障碍的限制，这些构成了他关于人口的主要论据。他没有估计，根据自然规律，在多长时间内水果、玉米、食用油、葡萄酒能够增长（这里无须说两倍）几倍、三十倍、六十倍、一百倍。他没有考虑在文明化的社会中，那些构成了人类主要生活资料的动物的不可思议的繁殖能力……他关于生活资料能够以多少倍增长的计算，是根据当时英国现存事物的状况而得到的。他用'完全自由'这一假设范围下的具体特征和抽象的特征做比较，用在真实世界中阻碍人口增长的所有'阻滞因素'所形成的特征和抽象的特征做比较。"[63]

在这里首先要说明的一点是，里卡兹先生并不是从马尔萨斯所宣称的理论的意义上来否定马尔萨斯人口论的——他承认马尔萨斯理论指出的"人口与生活资料规模"会"严重不相等"，他也并没有质疑马尔萨斯理论据以得出结论的推理过程，而这本应该是其文章的目的所在。简言之，他既没有否定马尔萨斯理论的前提假设，也没有否定这些前提假设对得出马尔萨斯理论的结论的充分性。因此，如果他的目的只不过是对马尔萨斯表述意思的方式进行语言上的批评的话，那么我引用的那段话就是所谓"用歪曲对方论点的手法驳斥对方"这一谬误的最好例子。如果我们的目的仅仅是为马尔萨斯理论进行辩护，我可能立即会以毫不相关为理由忽视这些反对意见。但是，作为流行于经济学方法中的一些让人困惑的观点，我们应当对它们进行更为深入的思考。

因此，接下来我要说明的是，马尔萨斯所做的比较是完全合理并合乎逻辑的，而里卡兹先生所进行的比较则与经济学的最终目标毫无关联。因为，无论是肯定性的还是否定性的结论，它们根本就没有说明任何经济学原理，对我们解决财富现象所表现出来的问题没有任何帮助。

在越过它之前，我还要留出一点时间在这里解释“对抽象事物和具体事物进行比较是不可接受的”这一观点，用“土地生产生活资料的能力”这一短语代替“生活资料”这个单词立刻就能反驳这一批评意见，它们同样都能表达马尔萨斯理论的意思。接下来我们要比较一下一个抽象事物与另一个抽象事物，即人类的“潜在繁衍能力”与土地的“潜在肥沃程度”。我可以从已经精确阐述的结论中得出同样的观点，而它也正是马尔萨斯极力主张的观点。[64]

但是，我们要问：对抽象事物和具体事物进行比较必然是不合逻辑的吗？我知道，没有什么标准能确定一种比较是否合适，除非这一标准是该比较之所以进行的目的。马尔萨斯提及，他写文章的目的是：弄清楚人口规律对人类社会的影响；[65]弄清楚出于对人类幸福的考虑，该理论的自然力量是应得到鼓励还是应受到抑制；弄清楚是否应该采取措施鼓励早婚、鼓励多子的大家庭；或者恰好与此相反，弄清楚是否应该赞成那些社会制度和社会惯例，它们倾向于建立审慎的、受道德约束的两性关系。这是一个非常清晰而合适的经济学问题——它是关于某一特定规律对财富分配的影响的问题。从被陈述的术语来看，它显然涉及里卡兹先生所反对的比较，是人口规律本质而固有的力量与人类处置它在其生活的这个世界上所能获得的生活资料的实际方式的比较，是“假设条件下的完全自由行动的特征与真实世界中限制生产的所有阻滞因素的特征”的比较。因此，里卡兹先生要么必须坚持马尔萨斯所提出的要解决的那个问题——人口规律对人类福利或财富分配的影响——不是一个合理的问题，要么他必须承认把抽象与具体进行比较不是一个不合适的比较。

的确，如果把某一规律的趋势（即它的“潜在”能力）与该规律发生作用的“实际”情形联系在一起考虑，就可能被认为是对抽象与具体进行比较，很难想象，如何对错综复杂的自然现象进行研究并追溯到产生这些现象的各种原因。

但是进一步说，我坚持认为，里卡兹先生认为的所谓唯一合理的这两种比较，既不能带来经济学原理的发现，也不能帮助我们解决任何经济学问题。里卡兹先生提出的、马尔萨斯可能同样已经建立的第一个比较是抽象意义上的人口与抽象意义上的食物的比较——一方“潜在”的增长与另一方“潜在”的增长之间进行比较；简言之，就是一个人的繁衍能力与一株小麦的繁育能力的比较。里卡兹先生说，如果他建立了这一比较，那么他所进行的比较至少是“合乎逻辑、合乎情理的”。我们不得不承认，这一比较没有得出能够引起最正统的哲学家注意的结论。

毫无疑问，一株小麦的增长能力（假定最有利于耕作的条件）大大地高于人类的增长能力（也假定最有利于人类繁育的条件）。因为在最有利的条件下，人口数量翻一倍要花费二十年或者二十五年的时间，而在肥沃土地下一株小麦一年可能会实现二十倍、三十倍或者四十倍的产量。在植物学或动物学中的工作中，这一事实可能具有一定的重要性。但是，对于一个政治经济学家来说，问题是从中我们可以得出什么经济学理论？他必须处理的问题解释了问题的哪些层面？里卡兹先生可能会回答：从这一比较中，我们看到生活资料的增长往往快于人口增长。从马尔萨斯理论所给出的术语上理解，这一论断代表影响财富现象的一种重要趋势。换句话说，它代表了一个经济规律：如果从这个意义上说“生活资料的增长往往快于人口的增长”是正确的，那么马尔萨斯从相反的理论中得出的所有推论——我还要加一句，目前绝大多数由此得到的政治经济学理论——都可能被推翻。不仅如此，由此构成的当前最重要的社会现象都无法解释。但是，当我们用里卡兹先生所坚持的观点来理解它时，这一论断与经济问题的关系并不明显。让我们通过实际的测试来对它进行检验。假定无可争议的事实是一株小麦的抽象的增长能力快于同样条件下人口的抽象的增长能力，即从这个意义上说，生活资料的增长快于人口的增长，那么这里宣称的事实以什么方式影响人类在经济方面的利益？它能够解释什么财富现象？它能够提供什么样的实践经验？它能够解释社会进步和社会物质福祉所依据的原因吗？它能够解释为什么随着社会的发展租金趋向提高而利润趋向降低吗？它能够解释为什么英国的劳动者获取的报酬比美国的劳动者低而比印度的劳动者高吗？它能够解释为什么老牌国家进口原材料而出口工业制成品，而新兴国家则恰恰相反吗？它能够解释为什么随着文明化的发展人类总体生活条件日益改善吗？这些问题中没有任何一个能够像

马尔萨斯所阐述和理解的理论那样被完整地回答。但是，如果我们像里卡兹以及他的拥趸那样理解马尔萨斯的理论，不是把人口增长的趋势与人类处置可以获取的生活资料的实际方式进行比较，而是把人口增长的趋势与不可能条件下植物增长的能力进行比较，那么我们会发现，它不能以任何方式帮助我们解决以上这些问题或其他任何经济学问题。

你很可能还记得，我这样定义过经济学理论：经济学理论是表述从人性原理和外部事实推断出来的影响财富生产和分配趋势的一种论断。里卡兹先生对人口和生活资料进行比较确实表述了从人性原理和外部事实推断出来的一种趋势，但是正如我斗胆定义的那样，它缺乏经济原理的其他条件——它没有表述影响财富生产和分配的趋势。因此，我无法看到，依据何种理由它能够让里卡兹先生把它放到“经济学理论”那样的高度。

里卡兹先生之流所进行的另一个比较（似乎他更重视这个比较）是“具体的人口”与“具体的生活资料”的比较，也就是说，在特定时间内和特定地域内实际发生的人口增长速度，与同一时间、同一地域内实际发生的生活资料的增长速度的比较。我不得不说，这一比较不能解释事实的任何有价值的特征——如果是经济学充分反映和解释的事实，那么这些事实应该可以得出重要的结论，甚至可能发现某一新的经济学理论。但是，我完全拒绝承认，建立在这一比较的粗糙结果之上的论断能够被看作是政治经济学理论的一部分，或者它能够为经济学理论带来任何贡献。

的确，“规律”这一术语常常仅仅适用于对复杂现象的概括——适用于简单表述已经观察到的事实发生顺序，只要这种概括的纯粹经验特征能被记住，就不能反对把它命名为规律。但是，即使从这个意义上说，要使得一个论断能称得上“规律”，所观察到的顺序也必须在一定程度上具有规范性和统一性。而关于里卡兹先生进行的人口与生活资料相对增长状况的比较，并没有统一性和规范性能够被观察到。在有些国家，生活资料的增长快于人口的增长；而在另一些国家，人口的增长快于生活资料的增长；而且在同一国家的不同时期，结果也是不同的，人口和生活资料的增长速度交替领先。从最大限度来说的事实是，总体而言，随着文明化的发展，增长速度的对比关系的改变更有利于生活资料——我认为，即使是在“规律”这个词最松散的意义上而言，这个论断也根本不能体面地自诩为“规律”。

但是，即使我们假设人口与生活资料的相对增长是固定不变的，而且这一相对增长速度是可以很准确地弄清楚的，我也仍然拒绝承认建立在这一比较的结果上的论断能够正确地被称为政治经济学原理。也就是说，我仍然拒绝承认这一论断能够与“在有效竞争的范围内名义价值由生产成本决定”“特定商品的价值波动由该商品供给和需求的状况决定”“利润率按照工资水平的特定比例反向变动”“经济租金取决于不同资本的土地回报率的差异”这些论断相提并论，总之不能与经济学中最重要的理论相提并论。这些论断中的每一个都表述了影响财富生产和分配的趋势，它们都是从已知的人性原理和已经弄清楚的物质事实中推演出来的，它们都能够用来解释财富现象。但是比较具体的人口增长与具体的食物增长的结果而得出的论断并不具备上述这些特征中的任何一条。它没有表述影响财富现象的趋势，只是展示了很多趋势的综合结果和证据；它也不是从人性原理和外部事实推演出来的，只是从社会统计或对历史的最粗略概括中得出；最后，它将不会帮助我们解决复杂的文明化进程中的任何问题，而且它本身就代表了我们要解决的一个复杂问题。

我之所以说这一比较将不会帮助我们解决复杂的文明化进程中的任何问题，是因为如果承认事实就像里卡兹先生所宣称的那样，或者从整体上考虑到大量的例外情况，那么我认为在通常的情况下这一比较就是承认，在文明化的国家中，生活资料（我们也可以加上生活所需的舒适品和奢侈品）的增长快于人口的增长。它一方面并不能解释我所说的人口规律如何对社会进步和财富现象产生影响，另一方面也不能解释我所说的调节生活资料生产的因素如何对社会进步和财富现象产生影响。尽管它保证从事物的假定状态中推断出来的所有结论，从整体上看在影响因素的给定条件下会促进一国的社会和经济状况，但是它并没有为怎样推断出影响那个条件的某一特定原因（比如人口规律）所具有的特征或固有力量提供依据。纽约的大船到达目的地的事实并不能证明它经历了有利的风向，它可能已经调整了航线以减弱风力的效果。它行驶的速度和航线并不单独依赖蒸汽机的推动、风力的帮助、水流的阻挡以及摩擦力的阻碍，而是“所有这些因素综合作用的结果”。同样，社会进步也是如此。它代表了体力、智力、社会、道德等众多力量综合作用的结果，它以一种方式或另一种方式或进步，或倒退，或震荡。但是，无论从粗糙的结果考虑还是整体上综合考虑，期望从影响它的任何单一原因（或任何单一经济规律）来推断出其特征或趋势都是徒劳的，就像不可能从利物浦和纽约之间航行的

统计资料推断出大西洋洋流的理论一样。

但是，里卡兹先生认为，我们已经进行的比较的确解释了经济现象产生的原因。根据他的观点，各个国家物质改善方面的实际进步证明了"生产的力量天然优于人口的力量"。他解释说："它并不能够从其他原因产生。对土地的最初所有者来说，一切物质都极度匮乏。土地就成为其后代掌握的可以积累一切财富的来源。……如果随着耕作者的数量逐渐增加，这一盈余变得越来越多，所有人变得越来越富裕，那么由此一定可以得出结论，生产增长的趋势会快于人口增长的趋势，伴随社会进步而产生的财富的积累就可以归结于这个原因。"[66]

为了使论证具有说服力，显然"生产的力量"和"人口的力量"这两个专业术语应该包括了影响社会经济发展的所有原因。从这个意义上说，生产的力量优于人口的力量仅仅是"导致社会进步的原因比导致社会后退的原因更有力量"的另一种说法；"生产的力量"这个名称只是给出了这些原因中的一组原因，而"人口的力量"这一名称则给出了另一组原因。简言之，它只是社会进步这一事实以另一种形式的重新阐述，并没有引导我们向解释事实这一解决问题的方向前进一步。它就像一个人用从都柏林到达贝尔法斯特的一列火车作为例子，以火车在没有其他原因的情况下会到达这一实际情况为理由，来证明铁路中"位移的力量"优于"静止的力量"一样。只有在推理过程中做出我所提到的类似的假设，即"位移的力量"包括了所有推动火车前进的原因，"静止的力量"包括了所有阻碍火车前进的原因，这时这一论证才是有根据的。但是想要有所发现的工程师并不会看到他从这一论证中增加了多少有用的知识储备。

第四节

我一直努力说明的是，里卡兹先生提出的力图取代马尔萨斯的比较的观点无论如何得不出任何经济学理论，也没有对解决与财富现象有关的任何问题提供帮助。从经济学的最终目标来看，为了进一步论证里卡兹先生的论述与人口规律的完全不相关性，我还要补充一点，他自己似乎很满意已经建立的这些规律，不过他没有将它们应用于解决任何财富问题，也没有试图利用它们为任何实践中的对策建议提供依据。相反，实践中他极力主张的关于人口问题的对策建议恰恰与他自己提出的理论的结论完全相悖。

你已经看到，虽然马尔萨斯认为人口的增长往往快于生活资料的增长，但是与此相对应的是，他还始终认为人口理论是一种有效抑制人口增长的力量，作为实现这一目标的手段，应该主张形成节育和自我控制的习惯。正如你也已经看到的，里卡兹先生断然否认马尔萨斯的理论。相反，他主张生活资料的增长往往快于人口的增长——无论是在“具体”的意义上还是在“抽象”的意义上，也无论是在“潜在”的意义上还是在“实际”的意义上。而且，“生产”与“人口”相比较而言，前者总是“在两者中具有更大的力量”。里卡兹先生直接否定了马尔萨斯的理论，因此，我们很自然地会认为他在实践中对这一问题的主张也会与马尔萨斯的主张不一致。我们很自然地会认为，因为他主张生活资料在“潜在”的意义上和“实际”的意义上往往都超过人口的增长，所以他会排斥所有人口增长超过生活资料增长的言论。如果“生产”具有“更强大的力量”，那么只要人类辛勤劳动，只要进行生产的机器维持运转，人类似乎应该没有理由不能毫无限制地成倍增长。因为根据这一假设，对人类来说，他们总是会对超过其自身增长的物质充裕度非常满意。简言之，似乎没有理由认为欧洲每个国家的人口增长率不应该超过美国的人口增长率，并固定不变地每二十五年增长一倍。或者，如果存在阻碍人口增长的任何原因，至少我们不应该期待在获取生活资料上存在任何阻碍因素。然而，你可能会奇怪地发现，里卡兹先生不仅承认根据人口规律采取抑制人口增长措施的必要性，而且还根据从本质上看生活资料增长会受到限制这一鲜明的理由主张实施那些抑制措施。

他说道：“个人节育是对草率婚姻的一种合适的阻滞措施。说明草率婚姻对当事人自己及其无辜后代所产生的后果对阻止草率订婚是合适的，也是令人信服的。”[67] 他继续说道，“在这一争论中，不应该这样说，我是以一种义务取代利己主义原理。而应该这样说，这里所说的节育是一种道德义务。”他还补充说，“无论劳动力市场怎样波动，它都不会使每个人在形成其与劳动力市场的联系时，采取长远而慎重的行事方式，进而成为一个负责的人，社会也没有理由因此而抱怨劳动者，因为人口过剩是不可能的。”这是一个非常好的建议。但是它的依据是什么呢？为什么在没有长远考虑和审慎行事的情况下人口过剩是可能的？为什么在婚姻中节育会成为一个道德义务？简单地说，里卡兹先生告诉我们，用萨伊先生的话来说（注意不是反驳，而是采纳），因为“我们可以说，人类自身再生产的趋势及其再生产实现的方式是无限的，而他们获取生活资料的方式是有限的”[68]。

我必须让里卡兹先生自己把他在实践中的主张与他在理论上的结论协调起来——他以生活资料有限为依据主张抑制人口增长，而他的理论却认为生活资料的增长无论在“潜在”的意义上还是在“实际”的意义上都快于人口增长。在我看来，这个结论似乎是不可避免的。从理解这些理论的意义上来看，他的理论与政治经济学的目标毫无关联，他在实践中的建议与他的理论完全相悖。

在结束这一讲以前，我必须再留意一下里卡兹先生的另一个观点。我注意到，在文章的导论部分他提出了这样一个两难问题：“如果《人口论》的结论是正确的，那么对我来说必然会得到这样的结果——在世间万物的安排中存在针对最终目标和方法的错误计算：要么是人类繁衍过剩，要么是土地过于贫瘠。”[69]让我们更直接地看看这一观点。马尔萨斯的结论毫无疑问包括这一点，即就可能的人口增长而言，土地相对于人类的繁衍能力而言过于贫瘠，土地生产食物的速度永远不能像人类繁衍的速度那么快。无论在这种情形下还是在其他任何情形下，都不会有抑制措施能阻止人类无限繁衍的特性。更不用说人类本性中的和善与良知能够在不伤害他人和社会的条件下，从抑制措施中释放出来。无论这是否能够成为因对“最终目标和方法的错误计算”而控诉造物主的理由，我都是不以为意的。但是，我认为这一事实是不容置疑的。如果人类毫无限制地成倍增长就是造物主的“最终目标”，那么必须承认，人类赖以生存的物质条件似乎并没有被完好地计算，而且在这一假设下，“造物主”似乎也确实像我引用的文章中所表述的那样，易于成为被控诉的对象。至于我，我并不会接受这一“最终目标”

早已被“造物主”安排好这种观点，但很显然，里卡兹接受了这种观点，我必须让他把这种观点与其在实践中运用的直接反对人口过剩的抑制措施协调起来。

第八讲　租金理论

第一节

近年来，经济学家们争论的有关政治经济学原理的话题中，最基本也是最重要的一个话题就是租金理论——一般指的就是大名鼎鼎的李嘉图先生提出的租金理论。牛津大学的里卡兹先生，就是我上一讲提到的反对马尔萨斯人口理论的那位学者，也是李嘉图租金理论的一个反对者。在《人口与资本》这本书的第六章中指出人口理论和租金理论这两个理论之间的紧密联系时，里卡兹先生说，“这两个理论的论据都是依据同一个假设”；“同样的假设——土地生产力递减以及与之相比较而言人口繁衍能力非递减——是构成这两个理论的基础”。

从本质上看，我认为这是对事实情况的一个正确阐述，并且我非常乐意揭示对这两个理论所提出的争议的实质。但是，在进一步讨论里卡兹先生的反对意见之前，首先需要了解什么是租金理论以及它的一些适当的限制条件。

租金理论的目标是解释租金的实质，解释决定租金上涨或下跌的各种条件。因此，为了研判该理论，我们首先必须对该理论希望解释的事实形成一个清晰而明确的观点。租金理论要解释的事实就是在某些产业分支的某一产品中存在永久的剩余价值，它不仅足够弥补生产中使用的资本，而且还包括一国当时的正常利润。因此，对一个农民来说，在以正常利润补偿了投入到农场耕作中的流动资本，以及这种资本由于在长期支出中可能存在沉没成本而产生的利息之后，他会发现他所在的这一行业仍会给他留出一部分收益。如果他仅仅是农场的使用者，那么这些收益会流向土地所有者，或者在他的租约存续期间能够保留一部分，但最终他将在和其他农户的竞争中，拱手把这部分收益让给土地所有者。另一方面，如果农民持续拥有这些土地，那么前面提到的那部分收益的全部以及其他收益当然都会归他所有。同样，一项成功发明的专利所有者在卖出产品时会发现，在获得正常利润的同时，自己也会拥有足够弥补其生产成本以上的那些收益。那么正是这一剩余价值——不论是来自于农业还是制造业，不论是由生产者持有还是流转到生产要素的所有者那里——构成了经济意义上的“租金”，它的存在就是我们要解释的事实。

你会看到，我之所以说“这个词经济学上的意义”，是因为这个词是政治经济学家在学术讨论中必然会使用到的热门词汇之一，并且它引起了太多观点的困惑和推理的困惑。通常意义上的“租金”是指物品所有者出租物品所获得的收入。然而，这种收入可能因为不同的原因而存在。例如，土地所有者可以从租用他的土地的农民那里得到“租金”，这里的租金来源于农民的收益补偿农场的费用和利润以上的剩余价值部分。而房屋的租金则没有表示这种剩余价值。在正常利润以外再无其他，它只是房屋建造者从其投入成本中收回的正常利润或利息。[70]的确，建造房屋这一投资的收益就像其他投资一样可能会有波动——投机者有时获得的利润比平均利润高，有时比平均利润低。但是这种情况与农业中租金的情况不同，后者存在超过弥补资本以后的永久剩余价值。那么，这一剩余价值的存在就是租金理论必须解决的问题：存在租金的原因是什么？调节租金大小的规律是什么？

在不同时期出现了各种理论来解释租金。亚当·斯密在一定程度上采纳了由法国经济学家提出的理论来探究农业具有更高的生产力这一现象，即土地肥沃程度的现象。人们认为，农业与制造业、商业及其他产业之间存在这样的区别，那就是只有农业能为商品带来正的附加值，而这构成了农业研究的主题。制造业厂商会改变原材料的形态而将其制造成某一具有新用途的物品。商人通过交易把物品从生产地点运输到需要该物品的地方。只有农业生产者以自我投入的方式为农产品带来了正的附加值。这里，自然和人类劳动结合的结果产生了农业的“净收益”或者可以称之为“租金”，而这在人类劳动的其他领域中是不会发生的。但是，即使不考虑其他对这一理论的明确的反对意见，仅从这个理论未能解决租金问题上看，那么也应该考虑，无论土地的肥沃程度如何、作物的充裕程度如何，存在于产品中的剩余价值都不是只取决于上述条件，而是也取决于支付给农产品的价格。这一理论没有对决定农产品价格的原因做出任何解释。它也没有解释农产品价格持续走高的事实，这个价格不仅以正常利润弥补了农民自己支出的费用，而且也为土地所有者带来了收益。[71]

亚当·斯密对于重农学派提出的租金理论的贡献在于，他认

为人类对于食物以及其他各种农产品的需求总体上来说是巨大的，这两者任一个方面都可以控制市场上的价格，使它不仅能够弥补农民的支出，而且还能够顺理成章地为土地所有者带来剩余价值。然而，这仍然没有解决问题，而且隐含了关于价值规律的不正确观点；因为，对于一种商品（如玉米）来说，它可以根据需要生产出任何数量，除非是在很短的时间内，否则它的销售价格并不取决于对它的需求程度，而是取决于它的生产成本。例如，某一工业产品的需求增加，只要供给经过自身的调整来适应这一变化，一般来说结果是价格下降，因为工业产品进行大批量生产时，它所需要的成本一般会下降。在过去半个世纪里，人们对棉织商品的需求可能已经增加了十倍，但其结果仅仅是以更低的生产成本提供了这十倍的商品，以及以相对而言更低廉的价格销售了这十倍的商品。那么，为什么会发生人类对于食物的需求不以同样的方式进行这样的情形呢？的确，如果食物是严格的垄断性商品，如果能够控制它的产量，那么我们可能会明白对食物需求的增加如何能够长期地使它的生产价格高于它的生产成本。但是，尽管土地是严格垄断的商品（至少在老牌国家中是这样），然而食物却并非如此，因为食物的数量可以从有限的土地面积中得到提高，虽然不是无限的，却能提高很多。在任何国家，食物的最大产量从未达到或接近达到，而且很可能永远也不会。因此，要重提这个问题：食物需求的增加，为什么不能像衣服、鞋子、帽子或者其他工业品需求增加的方式运行呢？价格长期保持在这样一个点，在以正常利润弥补所需的生产成本以后还存在永久剩余价值，又是如何产生的呢？对于这个问题，亚当·斯密没有回答，所以他并没有解决租金问题。

我认为第一个给出这个问题的答案的学者是安德森(Anderson)博士,他在1777年出版的著作中给出了答案。但是,他留给李嘉图充分的空间来解释这一原理的重要性,来研究各种不同情况下这一原理对财富生产和分配理论产生的影响。

对这一问题的回答如下:

农产品以不同的生产成本被生产出来,因为不同土地的肥沃程度不同。也正因为如此,即使谷物生长在同一块土壤中,其总体生产成本也是不同的。为了使一国具有较高成本的那部分谷物能够被生产出来,也就是说,为了促进劣质土地的耕作,并使得优质土地的生产能力能够保证该地区所需食物的消费量,农产品的价格必须提高到至少能以正常利润弥补这一支出,即农民产出效率最低部分的水平。如果价格不足以补偿这些,农民将会把资金从生产成本较高的那部分农作物的生产中撤出,并将其投资于有可能获得平均利润的其他业务中。[72]这样,在同一个市场中,一种商品不会有两种价格。一种商品成本的提高对消费者来说是无关紧要的,他看重的仅是能够以尽可能低的价格购买他所需的商品。因此,如果农产品价格能够保证花费在生产成本较高的那部分农作物上的资本获取正常利润的话(我已经说明了什么是至少要达到的这个点),那么这个价格当然足以保证投入在生产成本较低的那部分农作物上的资本获取正常的利润。因此,在以正常利润弥补农民投入的资本之上,就会存在剩余价值部分。这一剩余价值就是对租金现象的精确描述,它也是租金理论所要解释的问题所在。

第二节

简言之，这就是李嘉图要讲授的租金理论。当你完全掌握了这个原理时，你会发现你已经掌握了解释经济学中一些最重要问题的关键之处。然而，这个原理很容易让人产生误解，而且我遗憾地告诉大家，租金理论一直以来仍然是引起许多争论的话题。因此，在阐述了租金理论建立的理论依据后，我还要对它进行更详细的阐述，并且还要进一步论述从这一理论得到的一些重要结论。

第一，租金理论是建立在哪些假设的基础上的呢？首先，它假设在一个国家生产的所有农产品在市场上按照相同的价格出售，但它们的生产成本是不同的。其次，它假设所有农产品的销售价格是由生产该农产品的最高成本所决定。如果能满足这两个假设，那么剩余价值，或者也可以称为“经济租金”的存在就有不能回避的逻辑上的必然性；如果我们再进一步将促使农民租赁土地和土地所有者出租土地的动机也考虑在内，那么在市场竞争的作用下，我们同样可以得出“经济租金”将会向土地所有者一方转移的逻辑上的必然性。接下来的思考将使这一点更加显而易见。如果市场上所有农产品的生产成本各不相同，如果农产品市场价格中包含的正常利润能弥补最昂贵的那部分农产品的生产成本，那么市场价格中包含的正常利润也将足够弥补甚至超过最便宜的那部分农产品的生产成本。因此在这种情况下，如果所有农产品的生产成本都小于最高生产成本，则必然会产生“剩余价值”。同样可以清晰地看到，这部分剩余价值必然会被土地所有者获得。因为

尽管已经租赁土地的农民在租赁合约存续期间能够保留一些由于“经济租金”上涨带来的收入增加，但是当租赁合约到期以后，他们将会和其他没有租赁的农民面临相同的处境。在这种情况下，如果农民们保留“经济租金”，那么农业的利润率将在很大程度上超过其他行业的利润率。这样的情形不可能不吸引更多的资金投入于农业，并且将导致农业竞争加剧，这种情况会一直持续到当农业和其他行业的利润率都达到同一水平时才会完全停止，即在这一点上全部的“经济租金”或者剩余价值都被转移到了土地所有者一方。

因此，我认为我有理由这样说：如果我上面阐述的两个假设都得到满足，那么李嘉图的租金理论就会被看作是一个必然结果。接下来，我们必须要考虑支持这些假设的证据是什么。首先，我认为在一个国家生产的全部农产品中，以相同价格卖出的那部分并不是以相同成本生产的。也就是说，给定的具有一定质量标准的一桶小麦、大麦或者土豆，与其他具有相同质量标准的一桶小麦、大麦或者土豆的生产成本不同，但它们售价相同。这个观点几乎不需要严格的证明。否定一国所有农产品中，有一部分农作物的生产成本要低于其他一些农作物的生产成本，也就是否定了一些土地要比其他的土地更肥沃，也就是否定了米斯郡(Meath)的土地要比戈尔韦郡(Galway)的土地更肥沃，其中“更肥沃”是指在一定数量的劳动力和资本支出的前提下，能够得到更大的产量。然而，如果被严格质疑，那么像政治经济学中的所有公认真理一样，这个事实是很容易被直接证明的。在这种情况下，适当的最终判断标准就是对土地进行一项实验。事实上，农民们的确进行了这项实验，而且农民愿意为某些土地比其他土地支付更高的租金已经足以证明这个结果。因此，我认为，它保证了上述假设是一个毋庸置疑的事实：在品种和质量相同的前提下，一国所有农产品的生产成本是不同的。[73]

第二，所有农产品的销售价格取决于生产成本最高的那部分农产品的成本。当然这并不是意味着农产品的市场价格总是精确地与这部分生产成本完全一致。正如我在前面章节中阐述的那样，当我们说成本决定价格时，意味着存在着这样一个点，价格会不断趋向于接近这个点——不断向这个点的中心位置移动。在这一前提假设下，我们不难证明农产品的价格由生产成本最高的那部分农产品的成本决定。显然，这个价格必须至少是足以弥补其成本且能获取正常利润。如果不是这样，那么对于农民来说，就没有继续生产这部分农作物的动力：因为农民不会在一直处于亏损的状况下继续生产农产品。在进行投资之前，他会考虑他是否能从这项投资中获得正常利润的合理预期。如果他无法实现这一预期，他将不会进行这项投资。但是如果价格不能总是低于在弥补这一部分的成本之外还能获得正常利润的水平，那么同样可以肯定的是，它也不能总是高于这个。在我们考虑以下几种事实时，就会出现这样的情况：在最好和最差的土地之间存在着各种肥沃程度不同的土壤，其中一些土地可能是通过种植最适合培育的谷物而提高了肥力，但是这部分成本并不能弥补种植谷物时花费的资本。即使在有些情况下它的收益可能会弥补资本，但是这部分收益不能再产生利润。同样，即使在有些情况下，这部分收益能够再产生利润，但是会低于平均利润水平，或者在有些情况下它的收益

恰好能用平均利润弥补资本支出，但除此之外不会有其他收益。如果我们进一步考虑，目前来说没有土地的谷物种植产量能够和种植经过高度培育的谷物的土地产量一样多，这样就使得土地上的收益在弥补资本支出时存在一个平衡点，在这一点上，正常利润仅能弥补投入的资本，而不再有其他收益。超过这个点，如果进一步耕作，尽管会增加产量，但是增加的产量使得正常利润并不足以弥补土地耕作的支出。总之，存在这样一个均衡点，在这个点之前进行耕作种植是有利可图的，一旦超过这个均衡点耕作种植就不再是有利可图的。由此我们可以得出一个事实：即便是最肥沃的土地的生产成本也有可能达到一个高度，不管这个高度有多高。如果能够谨记以上几种情况，那么我们就可以看到，从长期来看，谷物价格不可能维持在高于用正常利润弥补生产成本最高的那部分谷物的成本的水平上。因为，如果价格超过这个水平，那么存在的超额利润将会马上刺激农作物生产。肥沃的土地将会得到更高程度的种植，不够肥沃的土地也将会比以前有更多的种植。这个过程会一直持续到由于产量增加导致价格下降到生产成本的水平上，或者由于进行作物种植导致成本超过销售价格时才会停止。因此，我们可以得出结论，农产品的价格不可能在低于足以用正常利润来弥补生产成本最高的那部分成本的均衡价格水平上维持很长时间，同样，也不能在一个高于均衡价格的水平上维持很长时间。应该在多大程度上使相对贫瘠的土地以及品质较好的土地被用来种植农作物——查默斯（Chalmers）博士所谓的“种植的极限边际”——要取决于整个社会的需求水平。但是，不论这一边际是在什么位置，不论在实际的农业生产状况下，生产成本最高的那部分农作物的成本是多少，它都将会决定价格，使价格不断地趋向于这个均衡点。到目前为止，我相信我已经建立了令人满意的关于李嘉图租金理论所依据的两个假设。在这里我再重复一遍：第一，对于一国所生产的所有农产品，不同品质的各部分农产品，其生产成本亦不相同；第二，农产品的销售价格由生产成本最高的那部分农作物的成本所决定。从这两个假设出发（或许现在我可以称它们为事实），我们可以得出如前所述的结论：一国（如英国）的农业生产会产生“剩余价值”。同时，如果我们在土地交易的过程中从人性原理在农业中运行的角度看，则可以得出结论：这一“剩余价值”必然会以租金的形式转移到土地所有者一方。

第三节

刚才提到的租金理论解释了各种情形中土地的租金现象，即在土地上种植的农产品的生产成本低于成本最高的那部分农产品的生产成本而产生利润的情况下，都存在着租金现象。这样的阐述适用于一国（比如英国）大多数的农业土地，但是它也只是对这种情况进行了解释而已。有人据此对该理论提出了反对意见，首先，它不适用于新殖民地，无论是土壤肥力还是环境条件，那里只有最好的土地被用于耕作。因此那里的谷物的生产成本都相同，所以根据李嘉图的理论，是不会产生剩余价值的。其次，该理论也不能解释对每个国家中以最大成本耕作的最差土地仍支付租金的情况，也不能解释由于太贫瘠而无法耕作的土地仍然需要支付租金的情况。不可否认，这些事实确实像租金理论的反对者陈述的那样。但是如果你完全掌握了我在前面章节中阐述的关于经济学理论得以建立或遭到反驳的论据,你就会明白这并不意味着租金理论是无效的。正如我已经阐述的,租金理论所依据的事实以及反对租金理论依据的事实都是非常确定的,并且有着更广阔的范围和更重要的意义。反对者想证明的并不是租金理论本身是毫无事实根据的,而是在租金理论解释的现象以外,存在着其他现象,这些现象可能并不是我们准确描述的"经济租金",但是与租金性质相似且有紧密联系,而这些现象是租金理论无法解释的。简言之,这种情况至多就是自然科学中所谓的"残留现象",并且可以以同样的方式进行处理,即通过寻找一些新的原因或者原理来对这部分"残留现象"进行充分解释。[74]

我们举一个例子。新殖民地的每一英亩土地在被允许占有之前,政府都要收取租金。在这里我们将仍然假设只耕作最好的土地,并且殖民地内的所有谷物都是以相同的成本生产。不可否认,在这种情况下,租金或者被冠以这一名称的东西都要被支付,在许多其他情况下,也都是如此。然而,可以肯定的是,不管是在新殖民地还是在其他地方,如果农民不能获得与他们在原来居住地进行投资时可以获得的回报一样合理的预期回报,他们就不会投资于谷物生产。如果一个移民来的资本家能够通过雇人挖金矿得到30%的收益率,那么他对种植谷物得到20%的收益率就不会满意。因此,在农民同意支付政府对殖民地的土地所要求的租金时,谷物的价格必须要能够弥补这一税负。很显然,谷物价格要超过生产所需的成本——超过的那部分以租金形式转移给了政府部门,这是政府垄断土地的一种结果。

下面，再举一个我上面提到过的在最差土地上耕作而需要支付租金的例子，或者更极端点儿，一国内最贫瘠而无法耕作的土地仍需支付租金的例子。有人可能会说对最差的土地支付的租金显然要比实际情况下支付的更多。农民耕作的同一个农场里包含几种不同肥沃程度的土地，这种情况一般来说很少。平均租金是从所有土地得到的，劣质土地似乎是要与优质土地支付同样的租金。然而事实上，优质土地可以获得的超额利润使得对所有土地支付同样租金仍然划算。对劣质土地支付的租金只是名义上的，所以我们也可以这么认为，在实际中并没有为这样的土地支付租金。

然而，人们会说，在英国，无论土地多么贫瘠、多么没有价值，每英亩土地仍要支付某种租金。的确如此，但这种土地并不能被看作是商业投资。从贫瘠而无法耕作的土地中得到的租金是这样一种结果，即尽管这种土地不能作为财富生产可利用的工具，但它依然是人们渴望拥有的东西，并且由于供给有限，这种土地成为财富的象征。威克洛（Wicklow）与苏格兰高原的山脉，一桶燕麦都种植不出来，然而却依然具有像禁猎区一样的高价租金。即使是连隐藏一只兔子或松鸡的植物都长不出，这样的土地也并非一无是处，因为拥有这片土地的所有权，至少可以带来自豪感。这种情况与殖民地未被开发的土地一样，土地所有者之所以能得到租金是他拥有土地垄断权的结果。

我已经提到的这两种租金现象，用李嘉图的理论都不能得到解释。现在我要指出另一种情况，即在排他地使用一种发明专利时要支付给专利发明人租金的情形。这种情况下产品的生产成本是相同的，然而专利所有人却能够从使用自己发明的人那里得到租金。显然，这里所谓的租金，或者称为超出成本和利润的价值，和上面提到的原因一样，都来源于垄断。诚然，对专利所有人的垄断权是有所限制的，但是应用其专利的产品仍然以通常的方式进行生产。而且尽管受到这种限制，专利所有人对产品的生产却拥有严格的垄断权。因此，他可以拒绝出售它，除非售价不仅能够留给他正常利润，而且还能够留给他剩余价值。或者，如果他不打算自己从事该产品的生产，他也不会轻易出售产品的专利权，除非使用者给他一笔可观的报酬。至于购买专利的生产者的补偿问题，那就是留给产品定价的问题了。

因此，除了李嘉图理论所包含的租金的产生原因外，"垄断"也是租金现象产生的原因。当产品生产中任何一个必不可少的工具或元件被垄断时，除非是按照自己的条件，否则拥有垄断权的人可能不会允许该产品的生产。因此，在这种情况下，无论是什么产品，只有当产品价格足以使生产者遵守这些条件并得到正常的收益时，这种产品才会被生产。

第四节

讲到这里可能一些读者会认为，介绍租金理论的这两种截然不同的原理会带来不必要的麻烦。而且，土地作为一种垄断产品，垄断的简单条件加上供求机制的作用就足以解释所有租金的情形。然而，稍稍思考就会发现，这样的笼统概括是不能被容许的。实际中确实存在的农业租金不是源于土地的垄断，而是源于土地递减的生产力。如果不是土地生产力递减这一因素，那么虽然租金也会存在，但就关于租金数量以及租金上升和下降的原理而言，决定租金的原理与决定我们更熟悉的其他实际现象的原理完全不同。此外，这样的观点是错误的：因为“经济租金”的存在，土地应该被一部分人占有，而被另一部分人耕种，或者土地应该成为一种可以交易的商品。所以，正如我所解释的那样，只要土地肥沃程度不同，只要产量超过某一点时生产力会下降，只要农产品以不同成本被种植，只要这些产品中存在超出其他产业可以获得的平均利润的剩余价值，“经济租金”的存在就有其本质原因。因此，对于租金存在的原因，垄断与供求机制的运行不是必要条件，它们也并不足以解释我们最常看到的租金形式的那些现象。

因为，一般情况下租金的决定因素与我所要求大家注意的特殊情况下租金的决定因素是不同的，所以这两种情况下财富分配的结果也是不同的。在农业租金的一般情况下，租金与价格的关系不是由原因到结果，而是由结果到原因，也就是说，农业租金是农产品价格高的结果，而不是其原因。例如，如果土地所有者的财产被没收了，谷物的价格并不会因此而受到影响，因为其价格仍然必须足以支付以最高成本生产的那部分农作物的成本，并且如我已经解释的那样，它不会超过这个成本。没收土地的效果并不会使“经济租金”消失，而仅仅是把这部分价值从土地所有者手中转移到了土地耕作者那里而已。

另一方面，在租金涉及的特殊情形中，例如，对于殖民地的未开发土地来说，租金就不是价格的结果，而是原因。在英国的殖民地，谷物价格上涨是因为政府要求租金。而在一般情况下，土地所有者要求租金是由于谷物价格高。如果在前一种情况中，政府放弃租金，谷物价格将适当下降。在后一种情况中，高价不是源于土地所有者收取租金，所以价格也不会因他们放弃租金而受影响。

上述结论对于租金是垄断的结果的所有情形都是正确的，比如专利权的情况。利用专利技术生产的产品的价值，在补偿了生产商的成本和利润后，足以支付专利权人的租金。但废除专利权人的垄断，生产者之间的竞争会立刻使产品价格降低相当于租金部分的水平。换句话说，剩余价值将会消失。实际上，在专利期满时总会发生这种情况。

但是，无论是来自于李嘉图理论的租金还是垄断的租金，都是由不同的规律所调控的。对于前一种现象，我称之为“李嘉图租金”或“经济租金”，现在我们可以毫无困难地陈述决定其数量的条件。正如我们已经看到的，它包含在剩余价值中，是农产品的剩余价值根据一国当前条件下的收益水平，足以补偿农民产出以上的部分。这一剩余价值显然取决于两个条件：一方面是农产品的价格，另一方面是给定土地上所能获得的农产品的产出量。因此，我们可以得到下面的农业租金规律：在农产品价格给定的条件下，农业租金，也就是产生于农业土地的“经济租金”，会直接受农业生产力的影响而变动——这种生产力取决于两个变量，即土地的天然肥沃程度和劳动者用于生产的劳动技能。或者说，在农业生产力给定的条件下，租金随农产品价格的变动而同比例变动。

另一方面，由垄断产生的租金，只取决于产品的需求和供给。英国政府对澳大利亚未开发的土地收取的租金数额一方面受自己的意志控制，另一方面取决于殖民地开拓者购买土地欲望的强弱和支付能力的高低。在英国，消费者能够并愿意以目前十倍或二十倍的价格来购买面包，而不会选择不吃面包。我们可以斗胆假设，土地所有者对收取高额租金几乎不会有所顾忌，因为他们有权利这样做。但是正如农民之间的竞争使得土地所有者能够获得高于正常利润以上的那部分适当收益一样，土地所有者自己之间的竞争也使得他们想收取额外租金是行不通的。土地所有者想通过收取高额租金来保持谷物的高价需要整个机制中所有因素的配合，而这要求法律的强制执行，否则就不可能实现。由于这些因素数量庞大而且彼此存在冲突，因此土地所有者无法做到，但是拥有国家集权的政府却可以毫不费力地做到。例如，如果政府选择禁止从一个新的殖民地进口谷物，那么通过要求更高的租金，它将把谷物的价格抬高到消费者愿意且能够支付的最高极限价格。因此，这种情况下的租金不是由谷物生产的必要成本所决定，而只是一方面由消费者的购买意愿及能力，另一方面由自然资源所有者的偏好所决定——简言之，按惯用语来说，就是由供给和需求所决定。

因此，我们已经可以得到以下结论：只有农业租金这一种情形适用于李嘉图提出的理论，它不同于我提到的其他情况下的租金。第一，它们产生的原因不同。农业租金产生的原因是农产品的生产成本不同，而其他情况下的租金产生的原因则在于垄断原理。第二，它们引起的结果不同。农业租金对产品价格没有影响，而垄断导致的租金会使价格按租金的一定比例上涨。第三，调节两种租金的规律不同。由垄断产生的租金，像其他垄断情形一样，只受需求和供给原理影响；农业租金的涨跌取决于农业生产力和农产品价格之间的关系。

观察这两种租金现象之间的区别至关重要。由于对这两种租金现象混淆不清,许多学者对李嘉图理论提出的反对意见欠缺合理性。这种区别的确十分重要,它让我们形成了政治经济学的新的命名,我更倾向于把租金这个术语限定为农业租金的情况,就像李嘉图分析的那样,而把由垄断产生的租金看作是对商品征收的税,毕竟二者十分相似。从某种意义上讲,国家权力可以拥有任何一种产品的垄断权,因为它可以拒绝该产品的生产,除非在它选择根据其主权意愿收取租金的条件下。例如英国政府对麦芽征税,并拒绝麦芽生产,除非在将每蒲式耳大麦的一定数量麦芽上缴国库的条件下。其后果是,麦芽的价格上涨到了既要足以补偿生产成本和利润,又要补偿以麦芽税的形式流入政府的那部分剩余价值的水平上。如果政府提高税收,那么麦芽价格将上涨;如果取消税收,麦芽价格会相应降低。很明显,这在各个方面都类似于对澳大利亚未开发土地征收租金的情况,并达到了完全相同的结果。因此,来源于这种情况的收入,将其视为一种原来产品的税收而不是租金会更恰当。同样,产生于专利的租金也具有"税"的所有特征。它源于专利权人的垄断,并由专利权人的意志调节,这种租金实际上构成了一种产品初始价格的溢价。然而,"税收"一词一般只能限定在国家收取的范围内,而"租金"一词的含义则能更宽泛地应用到来源于产品的各种收入形式中。而且人们很可能已经习惯于使用这个词,而不去纠正它了。因此,在具体事实中仔细注意两者的区别至关重要。

第五节

在本讲的开篇，我就让大家注意里卡兹先生对我在本讲和上一讲探讨的理论提出反对意见的理由，即这两个理论“都建立在同样的假设上——土地生产力的递减以及与之相比较而言人口繁衍能力的非递减”。我现在重复这个问题的目的不是提供任何进一步的论据来支持我已经充分阐明的立场，而是希望利用里卡兹先生演示这两个理论的推理过程来帮助我说明，正是对政治经济学特征和逻辑方法的错误观点才导致了我开篇中提到的对于政治经济学的基本原理的意见分歧。

里卡兹先生否认“农业生产力递减”是一个基本的经济学规律，并且引用了穆勒先生对该原理的阐述。根据穆勒先生的解释，“文明化进程”（即穆勒先生定义的“反作用力原理”）对生产力的影响从某种程度上说一直是“中性”的，里卡兹先生还继续评论道：[75]

“关于所谓的生产规律，作者（即穆勒先生）认为它是‘政治经济学中最重要的命题’，我承认我不能理解它依据的理由是什么。如果我对这一短语理解正确的话，社会体系的规律只能从确定的事实中推断出来。它是建立在诸多事实上并能产生同样效果的规则。因此，我们有权去问，在何时以及何地能够找到这一规律的运行？能否指出在什么期间或者哪个国家已经或正在运用这一规律？可以肯定，在英国它没有很好的运行效果——在这个国家，尽管‘人们已经投入一些精力进行农业耕作，并且已经使用了过得去的工具’，但是毫无疑问它依然有很大的改善空间。在这个国家，仍然有新的人口不断出生，新的土地不断被用于耕作。但是，在英国，它似乎应该被承认，或者说，对于所有的事情，它都能够被充分证明，如果我们任意选择两个相距遥远得足以提供公平测试的期间，无论是五十年、一百年或是五百年，土地的生产力相对于其使用的劳动力而言，是逐渐变得越来越高的……但穆勒先生为了解释他假设的生产规律存在的缺陷所采用的方法，仍然让我非常难以接受。根据他的观点，这个规律可以被称作‘内在反作用力’的一种因素抵消或终止，简言之，这个因素就是‘文明化进程’。那么这个‘规律’在那些文明化较低的国家中能够找到一个例子吗？这个规律从来不会与社会进步的状态共存吗？但是，可以确定的是，它就像政治经济学家在我们所有的推理过程中预先假定的那种状态一样。正如西尼尔先生所说，这是‘事物的自然进程’，因为‘这是大自然已经为适应我们而准备好的进程’。假设文明化不发展，并且经济学家研究和描述的社会体系中的所有现象变得截然相反，即人口下降，劳动力合作被劳动力彼此孤立取代，机械化劳动变为手工劳作，交际被切断，交换被阻止，那么不管是农业还是制造业劳动者都会变得越来越没有生产效率。毫无疑问，此时这种理论是正确的，但这仍很难说就是穆勒所认为的政治经济学中最重要的命题，因为它只适用于反常状态下人类的事务，或者被相反的规律所取代，即不管怎样人类这一物种都是由天意或命运的明显设计——文明化的进程——而完成的。正是这

> 个进程，通过它多方面直接或间接的影响——正如穆勒先生自己阐述的，随着财富和人口的成倍增加——往往在土地及人类工业的各个领域表现出生产力逐渐提高的趋势。的确，这是一个‘规律’，迄今为止的经验告诉我们，它是一个从未运行失败的规律，因此，我们或许有理由推断它是一个依然有可能继续良好运行下去的规律。”

从这一段话可以看出，里卡兹先生对“经济学原理”的概念与穆勒先生的概念有本质的区别，可以预见，这两位经济学家对于用来证明该原理的论据的观点也同样存在差异。根据穆勒先生的观点，一个“经济学原理”代表了一种特定原因（现成的例子就是土地的物质特性）对某一财富现象的影响。与这个观点相呼应，他建立原理的方法包括，指出该问题中证明物质特征的事实，然后通过由此获得的假设进行推理。而里卡兹则认为一个“经济学原理”并不是一个关于某个因素的影响力的论断，也不是关于众多已知和确定的因素的综合影响力的论断，而是对事物实际发生顺序的一种陈述——这些事物是或多或少混杂在所有已知原因中的多种原因作用的结果。这就是里卡兹对经济学原理的定义。自然地，他要依赖历史或统计资料来建立该原理。一类原理是关于现存趋势的一种陈述，其基本论据可以从人类天性或自然界中找到；另一类原理是关于所有历史事实的陈述，并且最终要建立在文献证据上。因此，无论从哪个意义上说，每一种类型的原理都是可以确立的，显然任何一种都无法拿来反驳对方，因为它们都只是对完全不同观点的表述。所以，我们不得不认为，在对里卡兹先生和穆勒先生

的观点做出选择时，我们所要考虑的不应该是哪个论断是正确的（因为在两种观点中并没有相互矛盾之处），而应该是哪个论断更符合政治经济学的最终目标——解释财富现象。

迄今为止所有经验告诉我们，我们正在接触的“规律”从来没有运行失败过（里卡兹先生这样说），正如我在回答上一讲中同样的争论时所指出的那样，显然这一陈述没有对与财富的生产和分配相关的任何现象给予解释，而它本身就是对政治经济学家要解释的一个复杂而困难的现象的表述。如果把这个作为经济研究的最终结果提出来，就是反对对于“经济学原理”所依据的所有原因的分析（这是里卡兹的观点所要求的），简单地说，就是放弃解决财富问题的所有主张，也就是放弃把政治经济学作为科学研究一个分支的证据。

另一方面，就像以穆勒先生的角度表述生产力递减规律一样，土壤物质特性的影响就政治经济学的目标而言是一个非常重要的原理，并且对我们理解农业生产中的实际现象至关重要——这个原理与“文明化进程”这一短语的许多要素相联系，除了其他事情外，该原理还解释了利润下降和租金上升的一般趋势，尽管这一过程长时间地受到阻碍，但它依然是与社会进步的物质利益相关的重要条件之一。应该看到，我没有引用里卡兹先生的任何观点，也没有引用他对这些解释的正确性所做出的评判的任何一部分。的确，他明确否认了一些关于该理论得以建立的主张，但当我们理解他的意思时，我们发现他提及了一个完全不同的问题。他评论道，只要它们相关，就是对任何一种解释观点的驳斥。

他说：“穆勒先生的原理仍然还没有付诸实践。”[76]为什么呢？

因为它确实一直被有相反趋势的原理所抵制。“至少可以说，它一直被不同原因的习惯性反作用所阻碍。”我非常不愿意歪曲里卡兹先生的观点，但是从他的话语中我能得出的唯一可能结论就是他拒绝承认一个规律或趋势的存在，除非这一规律能在完全没有任何干扰和对立因素的影响下完美应用。简言之，他把对立力量的相互抵消视为哲学家们一种有趣但毫无实质的虚构。

没有必要说这样的观点直接反驳了公认的整个归纳哲学体系。举个例子，如果这种反对意见被接受了，第一运动定律怎么会被建立？反对者可能会说：“何时何地这个定律得以应用？可以肯定的是在英国并非如此。”一枚投掷物一旦运动起来将会永远沿着同一方向以匀速前行，这和事实相去甚远。我们知道最好的步枪射程也不会超过几英里，并且子弹几乎像一个抛物线一样偏离直行轨道。“这个定律的运用不是与人们碰到的事实情况相反吗？”如果物理学家解释道，该规律的自然趋势被地球引力的反作用抵消了，他会遭到这样的反驳，即“这种公认的与假设定律相偏离的现象会让人感到很困惑”。根据物理学家的观点，运动定律“是相互抵消的或者说有一个相反的内在反作用力在起作用，这个作用力简单地说就是地球引力”。那么这个定律只能在那些不存在地球引力的国家找到例证吗？

我认为，没有必要坚持这种与归纳科学所接受的逻辑完全不一致的推理过程。如果承认这一推理过程，逻辑结构就会坍塌。平行四边形的对角线将不再代表各分力的合力。气球在空中上升、水银在托里切利（Torricellian）真空试管中上升的事实一定会被认为是重力定律的反例，而飞行器的旋转则会被视为第一运动定律的反例。中性盐就因为它是中性的，所以不可能含有酸。摩擦力不存在，也没有影响，因为它不会使汽车停下来。顶着风浪前行的船只恰好证明了根本就没有风和浪。世界文明的进程是人类没有激情的天性和物质世界中没有阻碍它的规律的一个例证。总之，"内在反作用力"的观念应该被立刻推翻。用简单的原理解释复杂现象的尝试——培根主义称之为"解释自然"——应该被抛弃，从今往后，有粗糙的统计结果我们就满足了。

根据这里指出的政治经济学的特征和方法，政治经济学显然与人口和财富的统计数据相一致，这是一个可能被广泛采纳的政治经济学观点，据我所知，该观点的支持者包括一些权威人士。然而，如果这个观点被接受了，那么经济研究中所鼓吹的观念，即经济研究是分析和解释由统计数据反映的事实的原因和规律的一种方法，必须被抛弃。如果这样，我们就真的要屈从于在统计数据表格最底部才能找到、从众多事实的同样效果中才能发现并被冠以"社会学规律"这一名头的经验性概括了。但是，如果这种经验性概括被看作是基本事实，如果每一个做出进一步分析的尝试都会因"内在反作用力"主义的理由而被嘲笑，因对要解释的复杂现象的重新阐述而被嘲笑，那么尽管我们会坚持保留这门科学的形式和术语，这一研究的科学特征也已经不复存在了，而且，政治经济学再也不会被认为是属于那些不仅要观察自然而且要解释自然的知识体系之内了。

但是在我看来，财富现象绝不能够从用分析和归纳推理的方法进行解释的事实中剔除掉。我一直在努力揭示：一方面，尽管与研究物质现象的人相比，我们处于巨大的劣势，因为我们的研究被

排除在实验之外，并且必须应对具有极其复杂和不稳定性特征的事实；另一方面，我们在直接从意识或从易确定的物质事实中而不必从冗杂的归纳推理中得出假设方面具有独特优势。一直以来，通过遵循这种研究财富问题的方法，政治经济学所解释的事实已经形成了原理。而且，通过在我们的研究中稳步坚持同一条道路以及同一个方向，我作为政治经济学研究大家庭中的一员，对解决困扰我们的大部分经济学难题充满信心，对继续发现更重大的经济学原理充满信心。[77]

附 录 A

抛开我作为有一定地位和声望的经济学家的身份，如果把研究经济问题的每个学者都计入在内，我认为在这一学科范围内，没有任何一个原理可以说是毫无争议的。例如，已故学者麦克劳德（Macleod）先生在1857年所著的《银行业理论与实践》一书中提出，应该让政治经济学完全归零（他认为政治经济学“应该是力学的一个分支”，他告诉我们“所有科学都是关于力和运动的问题”），再以信用与资本的某些概念为基础对其重建，他宣称这是政治经济学发展的第一步。他认为自己对政治经济学的这一认识很有可能不会引起任何异议。因此，他这样表述自己的观点：“我们可以毫不客气地说，没有任何一位政治经济学的学者已经对财富规律做出了正确的解释。特别是，最近有一些文章对它的本质做出了极其错误的阐释，是对这一问题的细节的极度无知，其语言上的自相矛盾和失准是如此明显，简直令人震惊。”（第二卷，导论，第58页）“是时候对所有的政治经济学进行重写了。每一个思维方式和语言上的错误，都困扰和阻碍了其他所有归纳类科学的发展，现在又让货币学变得畸形和难以理解。学者们对这一问题常用的表达方式几乎没有一个是完全正确的。”（第80页）

麦克劳德提出的用来打破这一科学体系的武器恐怕又将招致

指责。这里有几个关于他的方法的例子：他给李嘉图的租金理论贴上了“惊人的妄想”的标签；认为穆勒起的名字代表了“最荒谬的误解”，等等。关于生产成本调节价值的理论，他声称“没有哪一个如此重大的哲学错误曾经这样影响某一学科的一些理论”。在下一句话中，它被称为“极大的谬论”，甚至被称为“害人的异端邪说”。而且他认为图克先生关于货币和资本的区别的论断是“对整个货币学的本质极大的误解”，是“迄今为止最大的妄想之一”，所引用的托伦斯上校的话“不过是一系列的误解和谬论”，其言论是“荒谬可笑的”。而在书中的另一个地方，他将“李嘉图、麦克库洛赫（McCulloch）、约翰·穆勒、塞缪尔·琼斯·劳埃德（Samuel Jones Loyd）、托伦斯上校、诺尔曼（Norman）、罗伯特·皮尔爵士（Robert Peel）以及阿奇博尔德·艾利森爵士（Archibald Alison）”彻底归为一类，认为他们都是各种逻辑谬误的提出者。

麦克劳德先生告诉我们，迄今为止政治经济学失败的原因是“那些已经从事政治经济学研究的所有学者没有一个具有获得成功所不可或缺的条件”。他在《银行业理论与实践》一书中首次将学者应该具备的条件逐条罗列出来。在这些成功的必要条件中，其中能想象到的一个是用英语写作的能力。还有一个能力，即理解先前学者的观点然后抨击他们的能力，也应该包括在内。关于麦克劳德认为这些条件具体要达到何种程度，读者可以从下述例子中判断。

首先，以他对下定义的能力的要求为例。他告诉我们，“资本就是商品的流通能力”（第二卷，导论，第 47 页）。当麦克劳德在其他地方告诉我们“资本的目标和职能是使商品流通”时，尽管他像科学要求与日常用法一样使用了矛盾的、有歧义的语言，但至少是可以理解的。此外，当他说“资本和信用构成了流通的媒介”时，尽管这种表达是对所讨论的媒介的本质的误解，我们仍可以猜测出他想表达的意思。但是当他说“资本是商品的流通能力”时，如果他不是打算把流通的能力归因于商品，那么他所使用的语言不能表达任何观点。然而他告诉我们，这就是“资本最原始、最主要、最真实的意义”，它区别于资本“次要的、比喻性的意义”。我们假设麦克劳德先生用这一短语表达的是“商品的流通能力”（当然这是语言并没有表达出来的意思），也就是使商品流通的能力，即使这样，对他来说也毫无帮助。根据他其他的言论，很明显他指的是货币和信用。而货币和信用并不能使商品流通，它们的作用至多相当于空气能传播声音，或者语言能交流思想。实施所有这些事情的是人的意志；货币和信用是某些情形中达到某些目的的一种媒介和工具，空气和语言则是另一种情形中的媒介和工具。但是，抛却形而上学的问题，让我们问问，学者将空气描述为“传播声音的力量”或将语言描述为“传播思想的力量”想要表达的想法是什么？

让我们再举一个麦克劳德先生关于科学精准性的例子。他设定了一个真正的原理应该具备的标准，“每一个正确的公式或一般性的规律都必须将影响其运行的所有要素表现出来”（第 65 页），比如影响公式发挥作用的因素。人们也许会猜测麦克劳德先生到底想要表达什么观点，但是他所说的这些话却缺乏意义。还可以再举另外一个例子，比如在第 61 页中，麦克劳德先生反对“生产成本调节价值”这一原理，因为这并不适用于“以相同的生产成本生产出品质不同的商品的所有情况”。麦克劳德先生是否会告诉我们"生产成本"如何"生产商品"？他在书中的另外一段写道，"与其他所有的政治类科学不同，政治经济学的现象(比如货币学的现象)可以用其他自然规律准确地表达出来"(第 35 页)。如果让我斗胆来猜测这段引人注目的话的意思(这段话有奇怪的爱尔兰人的特征)，或许麦克劳德先生想要表达的是：货币学的现象可以与其他归纳类科学的现象一样被正确地表达出来——人们很难想象，一种思想不需要严格借助太多的英语的语言资源就能够清晰地表达出来。

还有几个例子无一例外地体现了麦克劳德先生常有的科学风格，[78]把它们从麦克劳德先生的书中抽取出来，也就是从他对一般原理的定义和陈述中抽取出来，让我们看看，表达的准确性体现在何处——如果这种准确性确实存在的话。我之所以关注于此，并不仅仅因为在经济讨论中思想和语言的准确性极为重要，也是因为这个学者不满足于仅仅对以前的所有政治经济学学者无一例外地进行谴责，而且还专门挑选出几位学者，指责他们在语言准确性方面的缺点。显然，他认为自己在这方面具有非常高的素养。因此他对穆勒先生已经出离愤怒，因为他在自己著作的开篇就声称，穆勒先生的文章没有任何一部分"打算做出抽象的、穿凿入微的定义，只要术语所表达的意思足够明确，能够达到使用的目的就够了"。因为这一点，穆勒先生被指责故意采用"大众的、松散的措辞"——目的是谋求"找到一种口语化的松散的讲话方法"。在列举了上述几个例子后，或许大多数的读者都会偏爱穆勒先生的松散而不是麦克劳德先生刻板的准确性。"我宁愿同柏拉图一起犯错，也不愿同那伙人一起正确。"

但这就是麦克劳德先生对他所蔑视的著作的作者们的理解能力。他书中第二卷的导论的绝大部分内容都是极力尝试反驳那个公认的原理，即调节商品价值的影响因素的“生产成本”理论。他说：“除非将这个异端邪说全部根除，否则政治经济学永远无法前进一步。”那么，他是用什么观点来反驳这个“异端邪说”的呢？那就是，对于给定的资本，“价值并不是来自于生产者的劳动，而是产生于消费者的欲望。在政治经济学中宣称价值产生于生产者的劳动，与在天文学中声称地球是静止的一样，它们都犯了相似的错误”（第64页）。假如这种类比成立（尽管作为政治经济学研究者的一员，我也无法理解它），那么麦克劳德先生能否告诉我们是谁说的“价值产生于生产者的劳动”？他所谓的“驳斥”只不过是专门针对李嘉图先生和穆勒先生的观点。在李嘉图的伟大著作的第二段中这样写道：“尽管效用对交换价值至关重要，但却并不能衡量交换价值。如果一种商品没有效用，换句话说，如果它在任何方面都不能使我们满足，那么无论它有多么稀缺，或者无论生产它需要多少劳动力，它都缺少交换价值。”在穆勒先生的著作中，有一章题为“需求和供给与价值的关系”，其中第一句话是：“一件物品有交换价值必须满足两个条件：第一，必须有用，也就是说必须有助于达到某个目的，满足一些欲望；第二，这件物品必须不仅有实用性，而且在获取这件物品的过程中还要有些困难。”

麦克劳德先生对“生产成本调节价值”这一原理的驳斥只不过是对他自己过度误解这一原理的一种驳斥。如果还需要证据进一步证明这一点，请看下面的一段，里面提出了对这一原理常用的限制条件的反对意见——“因为这个原理要正确地表示价格，而且因为在那样一种情形中，它需要满足供给是无限的这一重要条件”（第 61 页）。如果供给是“无限的”的，那么商品无论如何也不会有交换价值。坚信这一原理的学者们已经阐述过这一点，而麦克劳德先生想要说明的很可能是，价值受生产成本调节的商品只能是那些可以根据要求生产任意产量的商品；但是麦克劳德先生并没有看出这一点与“无限的供给”之间的区别。因此，当某个学者不能完全理解李嘉图先生和穆勒先生等人如此明晰而有力地表述的观点时（因为我假定这个学者不是故意歪曲他们），就可以想象出他承担重建政治经济学任务的能力如何了。当然，我们也就没有必要关注他驳斥刚才提到的原理的“观点”了。当他表明他真正理解了自己所驳斥的原理时，我们再去那么做也不迟。

附　录　B

正如你已经看到的，尽管我在正文中提到的经济学研究的界限与一些著名的经济学家的理论不尽一致，但是它们确实是已经在科学发展的实践中能够普遍观察到的。一般而言，就涉及的财富科学来看，一个经济学家，一旦能够把经济学事实追溯到一个精神原理，就会认为问题已经解决了；就像他认为如果能够把某一事实追溯到一个物质原理，问题就解决了一样。尽管亚当·斯密没有正式地讨论过这个问题，但他的观点可以从下面这段话中推断出来："给人类带来众多好处的劳动分工最初并不是人类智慧的结果，人类智慧只是预见并认为它能够带来普遍的富裕。尽管人性中的某一特质（比如以物易物的特质）是缓慢、逐渐形成的，它当时似乎没有什么进一步的效应，但它有其必然性。关于这一特质是否是那些最初的人性原理之一，我们无法给出进一步的解释；它们是否是思维和语言工具的必然结果，也不应该属于我们目前要研究的主题。"（《国富论》第一卷，第二章）换句话说，他显然并不屑于解释产生劳动分工的思维规律，而认为它们是无须解释的事实。但是为了让人们留意到劳动分工并在此基础上进行推理，他运用了在下一章中研究贵金属的物理属性（可携带性、耐用性、可分割性）时所采用的方法来解释物质事实，以便理解为何一般采用贵金

属作为货币。他不再试图解释导致分工的精神原理，而试图解释贵金属适合作为交换媒介的物质原理。在这两种情形中，用西尼尔先生的话来说，“他满足于陈述它们的存在”。

据我所知，到目前为止，在实践中能超过亚当·斯密所指出和观察到的界限的唯一一位学者就是詹宁斯(Jennings)先生，他在其所著的《政治经济学的自然要素》一书中做到了。詹宁斯先生对于以精神原理作为其推理过程的假设条件并不满意，同样，他对以物质原理作为假设条件和推理依据也不满意。他认为对思维规律的解释应该是政治经济学家职责范围内的事情；与这一观点相对应，他的著作致力于把人性原理、心理原理和生理原理引入到对追求财富原因的分析中。因此，在解决了肌肉和神经纤维如何运动这些问题后，他继续“研究促使这些组织器官运行的心理因素的作用机制是什么”，进而分析出这些作用机制并推断出劳动分工过程中的心理因素，他认为这些因素是行业分工的基础。他把劳动分工划分为以下四种：第一，“只需要运用潜意识规律”的活动——这些活动的例子包括“挖掘、谷物脱粒、划船、锯木”等；第二，“仅运用思维活动中的记忆训练就可以判断的活动”，比如“监督者、检查者”从事的那些活动等；第三，“运用思维过程类似规律”的活动，比如“画家和雕塑家”从事的活动；第四，“需要深入运用判断等类似思维的活动”，比如“法官、议员”从事的活动等(第 115 页至 117 页)。到目前为止，政治经济学已经被命名为关于财富现象如何形成的科学，或者是关于财富生产与分配方式的科学。詹宁斯先生对于经济学的本质持有不同的观点，他以完全不同的原理对经济学进行定义和分类。因此，他把“消费”定义为“由神经纤维的传入

媒介所主导的一种人类活动”。以这种对消费的认识,他又把消费划分为“两种类型,相应地,它们中的一种由一般感觉神经传递出来,另一种由特殊感觉神经传递出来”。在前一种类型中,包括对“温度”的“抗拒感觉”以及“食欲满足后的感觉”等等。在后一种类型中,包括对“颜色”、“形状”和“声音”的魅力的感知;“美妙的味觉来自于精心制作的食品,鲜美的滋味加上相宜的气味通过食物散发出来,形成令人愉悦的感觉”。

如果用这种方式来处理政治经济学问题,显然,它很快就会变成与目前世界已经了解的政治经济学截然不同的一种研究。正如詹宁斯先生在他书中的导论部分所指出的那样,毫无争议的事实是,政治经济学代表了力学、化学、生理学、生物学等科学规律以及心理学、政治哲学规律的综合作用的结果。但是我不认为这一结论可由下面这句话而得出:“对于一个更复杂的问题,它既受到调节不那么复杂的问题的所有规律的约束,也受到某些专门调节它的规律的约束,因此,应该在它周围的那些不那么复杂的问题都被逐一克服以后再去研究它。”如果严格执行这一条规则,如果除非一个人掌握了所有不太复杂的科学之后,包括力学、天文学、化学、磁力学、电学、普通物理学、生理学、生物学,再加上心理学和政治哲学,才有资格被称为一名政治经济学家,那么实践在经济学分级中的优势将大幅下降;如果詹宁斯先生自己确实是个例外的话,那么我们认为没有人能够通过这一严格的考验。但是我承认,我十分不能理解对人类智力提出如此不可能实现的要求的必要性。再回到亚当·斯密所举的那个例子,的确,我们可以在没有直接确定是最原始的动力还是衍生出来的动力引起的劳动分工之前,就认

为劳动分工和交换促进了财富的创造。我们同样可以认为贵金属所具有的优势提供了价值尺度和交换媒介，尽管我们可能完全忽视了它们是简单的还是复杂的物质，或者它们是以电池的正极还是负极出现。或者，从詹宁斯先生的书中找一个例子，我承认，我不能理解，詹宁斯先生通过告诉我们“生产是由神经纤维的传出媒介所主导的活动”和“消费是由神经纤维的传入媒介所主导的活动”，如何能对决定劳动条件的原因提出新的解释。我认为，只要结果是相同的，只要人类拥有同样的活力，需要同样的物质，受同样的动力影响，那么工资的经济规律就是相同的，不管它们在人体内是“传出”的神经纤维还是“传入”的神经纤维。即使詹宁斯先生能获得如百科全书一般的知识，在我看来，把我们已经发现的经济学研究的边界进行扩展也不能带来任何益处，而只能带来困惑和错误。举个我前面从詹宁斯的书中引用的关于产业分工的例子，这种分类有什么经济价值？它解释了什么财富现象和财富规律？詹宁斯先生把法官和议员放在同一“产业运行者”中，因为他们所从事的活动“需要深入运用判断等类似思维”。但是从经济意义上考虑，如果想要对他们进行分类，法官与议员的差距比法官与“检查者”的差距更大，也比法官与“挖掘工、谷物脱粒工、划船工、锯木工”（这几类人被放在同一组）的差距更大，因为议员（至少英国的议员）是无薪水的，而且要得到议员资格需要花费大把的钞票。如果法官的薪水大大超过挖掘工，不是因为后者的工作职责不涉及“思维的记忆训练”，而前者的工作职责需要判断的能力和比较的思维（从经济意义上考虑，这只是一种偶然因素），而是因为有资格从事法官工作的人的数量大大少于有资格从事挖掘工作的人的数

量。前者稀缺的原因有一部分是因为从事法官工作所需要的天赋是非常稀缺的，还有一部分原因是因为要培养一个可以上任的法官的费用也是非常可观的。

我认为，分类或多或少都是不完美的，因为就科学的最终目标而言，分类需要依据被分类对象的重要特质才能进行。但是，建立在对财富生产与分配中运行的生理学或心理学规律的分析基础上的分类，并不能依据其在经济上的重要程度而划分生产者和分配者，从经济意义上考虑，这种分类只是依据了纯粹偶然的情况。

附　录　C

下面的内容选自惠威尔博士的著作《归纳学史》，它包含了一个关于在自然科学中重大归纳得以确立的逻辑过程的非常贴切的例子，它演示了我们在正文中有时提到的自然科学研究所追求的推理过程，我把它摘录如下：

“当审视光的传播理论发展的历史时，我们可以真切地看到，在错误理论的发展过程中，我们把哪些因素当作事物自然而然的过程了。从某种程度上说，错误理论解释了它第一次恰好遇到的现象；但是出现每一类新事实时都需要新的假设——除了实验装置以外的假设；而且随着实验的继续，那些不相干的其他因素会逐渐累积，直到它们压垮并推翻了最初的框架。‘固定本轮假说’的发展历史是这样，‘光的物质传播假说’的发展历史也是如此。在最简单的情形中，‘光的物质传播假说’解释了反射和折射，但是把涂有颜色的薄板加入实验后，这一假说就不那么容易解释光的传播和反射。衍射现象要求假设中进一步增加更复杂的粒子的引力与斥力规律。偏振现象支持了上述假设的存在。双折射使这些假设与从晶体轴上折射出来的特殊的力相符合。最后去偏振化使它们可以处理关于可动偏振的复杂而不相关的情况。即使所有这些要素都被假设完成，也还需要其他的机制。这里不存在意外的成

功，不存在令人喜悦的巧合，不存在由细枝末节的东西而汇集成的原理。哲学家组装了机器，但是并不是每个零件都与之匹配；如果只有当哲学家把它们糅合起来时它们才能咬合在一起，那么这就不是真理应该具备的特征。相反，在光的波动理论中，所有的一切都趋向于统一化和简洁化。我们通过波动来解释反射和折射，当我们在实验中加入薄板时，所要求的'适当条件'已经包括在基本的假设中，因为它们就是波长。衍射现象也要求这种波长，因此所要求的波长与振幅的其他要求完全一致。这样，并不需要增加新的实验装置。偏振会阻碍我们一小会儿，但是不会很长时间。因为到目前为止振动的方向都是任意的——我们让偏振来决定它。在偏振的作用下完成这些以后，我们发现它也对完全不同的双折射原理提供了答案。真理就会产生这样的巧合，而错误的理论却不能。这一理论对所有这些现象都是适用的。它并没有做出一个新的物质假设，但是它超出了理论最初的能力，推断出了所有实验反映出来的对应的情形。它说明、解释并简化了最难理解的情形；它矫正了已知的理论和事实；它预测并解释了未知的理论和事实；它成为以前教学和实验的先导；在力学概念的启发下，它通过形状、颜色获得了对力及其形成原因的真知灼见。"（第二卷，第464—466页）

这就是物质科学研究中重大归纳得以建立的逻辑过程。正如我在第三讲中阐述的，在经济学研究中，这种迂回的方法并没有必要，因为基本事实和基本假设都是与直接论据紧密相连的。

注　释

1. “Essay on the Production of Wealth,” Introduction, p. xiii. 1821.

2. 参阅附录 A。

3. 参见 1854 年 4 月的《爱丁堡评论》(*Edinburgh Review*)上“英国的食品消费”(The Consumption of Food in the United Kingdom)一文,再把这篇文章与图克先生 1820 年的那部名著《商人请愿书》(*Merchants' Petition*)对比一下。对于前者,我引用图克先生的一段评论:“即使是成功地提出了某一合理的政策,也没有必要以曲解事实的方式来建立推理模式,更没有必要通过曲解事实来对抗已经真实存在的事实。”

4. 抱怨方法的错误与“自然的冒测”(anticipatio naturae)的方法相对立,这就是培根所提到的科学的灾难,他最猛烈的抨击都指向这一点。培根的这种说法不仅是一项论据,也反映了他思维的敏锐和一种哲学上的洞察力。然而,杰出的改革者并没有因为他对当时流行观点的反对而过度迷恋他,以致忽略了这种反对所具有的危险。正如我在文中的下一段已经提到的,他极为精确地描述了这一错误本身,以及这一错误产生的原因。“即使人们有时力图从实验中推导出某种科学或学说,他们却又几乎永远是以过度的躁进和违时的急切歪向实践一方。这不仅是从实践的效用和结果着想,而也是急欲从某种新事物的形迹中使自己获得一种保证,知道这值得继续前进;也是他们急欲在世界面前崭露头角,从而使人们对他们所从事的工作更加信任。这样,他们就和阿塔兰忒一样,跑上岔路去拾金苹果,同时也就打乱了自己的行程，致使胜利从手中跑掉。”——“Novum Organum,” lib. i. aph. 70.

5. “Essays on some Unsettled Questions of Political Economy,” p. 141.

6. 参见惠特利的“Introd. Lectures on Political Economy”。

7. “显然人们应该承认，政治经济学只关注现世的经济状况。每一种科学都有它自己的使命。如果政治经济学脱离了这个世界就不能被称为政治经济学而应被称为宗教神学了。因此我们不能要求用政治经济学来假设在一个更好的环境下的经济会是什么样。正如我们不能要求生物学去研究天使的消化系统一样。”——“Cours Complet d'Économie Politique,” par J. B.Say, tom. i. p. 48, troisiême édition.

8. 参见“Essays in Political Economy, Theoretical and Applied”。——M.Comte and Political Economy.

9. 租金和利润从表面上看有很多共同的特征，难怪有一种观点认为它们是同一类经济现象。在法国经济学家中，这一观点非常普遍；不仅萨伊和他的追随者这么认为，而且一些能力出众的思想家以及思路清晰的评论家，比如日内瓦的舍尔比利埃(Cherbuliez)也持有这种观点。因此，有必要简单列举一些事实来阐述二者的区别。(1)随着社会的进步，利润率下降，租金率提高：租金率在一些老牌国家中已经达到最高点，而此时利润率正达到最低点。(2)租金和利润与价格的关系不同：例如，在其他条件不变的情况下，如果农产品价格持续上涨，这表明租金将提高；但是这并不表明或并不一定会导致农产品的利润提高；相反，农产品的利润以及一般的利润水平极有可能因为农产品价格上涨而降低。(3)对任何特定行业的利润征税都会导致该行业中产品的价格提高；因此，获取利润的人一定会把税收的负担转嫁给产品的消费者。对租金征税一般不会对农产品价格有类似的效果，只会对土地所有者产生最终影响。(4)租金变动比较缓慢，而且一般是上行的。利润的变动则是频繁而快速的，而且没有固定的走向，利息更是如此。

10. “Cours Complet,” tom. i. pp. 213 - 215.

11. 的确,萨伊在其著作的另一部分(vol. ii. p.45)依据供给和需求的思想正确地阐述了工资原理,但是文中提到的原理也比较清楚。毫无疑问,这些观点彼此之间存在矛盾,但是对此我并不担心。

12. 约翰·赫歇尔爵士对这一失败的解释也与之相同。他说:"亚里士多德至少看到了要依靠自然来获取某些诸如自然科学的原理一样的认知是非常必要的;作为事实和现象的观察者、收集者和记录者,他的观点在当时的年代无人能及。这是那个时代的错误,是当时有悖常理而且不可信的口头辩论风格的错误,这种风格波及所有知识分子,而不仅是他自己,这使得他满足于从大概的、不精确的观察中得到一些含糊的、松散的认知,而不是从谨慎而精心设计并经过全面思考的事实中得到自然科学规律。

13. "Essays in Political Economy, Theoretical and Applied," pp. 252 – 261.

14. "Essays on some Unsettled Questions in Political Economy," by J. S. Mill, pp. 130 – 132.

15. 这个理论已经被否定了,也有人提出一些奇怪的观点来反驳这一理论。那些反驳这一理论的人仍然坚持争论的一个主要问题是目前英国农业的生产力与以前的时期相比,具有更高的水平,尽管目前有更多的资本投入到农业中。如果这一问题中的其他条件没有变化,那么这一争论就是有价值的,但我们可以肯定的是,其他条件已经发生了变化,而且从某种程度上说它们已经完全不同:最重要的一个变化是更先进的技术目前在该行业及其资本中得以应用。据我所知,没有经济学家会认为,不熟练地将小规模的资本投入土地会比熟练地将大规模的资本投入土地获得更高比例的回报;然而争论却只是针对这一论断。但我们还需要着重指出的是,力图用统计数据来说明存在争议的理论完全是一种误解(正如此后非常清楚地表现出来的那样),无论对于所声称的事实还是对于经济理论所要求的论据而言,都是如此。这一理论包含的不是要用文献资料来检验对历史的概括,而是要对现存的物质事实进行阐述，如果非要质疑的话，那就是它只能由对现有土壤的实际实验来最终确定。如果任何人要否认这一事实，他必须要通过公开进行实验来反驳。要让他演示，他仅仅通过增加投入就能够从特定范围的土壤中得到所要求的产量，也就是说，通过四倍或十倍的投入，他就能获得四倍或十倍的回报。如果问问那些对这一理论确信无疑的人为什么不通过实践中的实验来确立其观点，他们的回答可能是每一个实践中的农民已经为他们做了这样的实验；土地生产力递减的事实通过农民转向在劣质土壤上耕作而不是在没有利润的优质土壤上耕作的行为得以证明。美国经济学家凯利(Carey)先生致力于反驳这一推理过程，他极力主张农民在所有的优质土地都被耕作后转向耕作劣质土地的行为并不能证明农业中土壤的生产力变低，就像棉纱厂所有者在第一个工厂满负荷运转后再建第二个工厂的行为不能证明随着资本和劳动力的增加制造业的生产力往往会降低一样。换句话说，他认为农民对优质土地不再继续投入的理由不是因为这么做无利可图，而是与限制棉纱厂利用资本和人手有同样的理由，即考虑到空间等必要条件，这么做是不可能的。坚持已被认可的租金理论的人会毫不犹豫地在这一理论上下赌注。然而，在英国或世界上其他文明化的国家中，当一个心智健全的农民对于"为什么他在特定的土地上不让农作物长得更成熟一些、把排水渠挖得更深一些、对土地犁得更频繁一些？"这一问题给出同样的答案时，凯利先生给出的答案是"空间的需求"，李嘉图的追随者也准备抛弃自己追随的大师；但是，在农民们解释了这种方式为何产生之前，他们可能仍然会坚持自己现在的观点。

16. 参见附录 B。

17. 这是为了与另外一个经常容易混淆的问题相区分，即"经济学对于道德的考虑与处于从属地位的监管对道德的考虑到底相差多远"。

18. 舍尔比利埃在其名著《经济学概要》("Précis de la Science Économique")一书中对这一问题做了全面阐释："什么是科学真理？它是我们的智慧对以直接观察得到的特定资料为基础形成的观点或一般性规律的

描述。我们分析大量事件以找出它们的共同点，然后根据这一分析得到的结果进行推理，进而建立科学理论。如果我们的观察准确，我们的推理也正确，那么从所有数据中得到的结果也是正确的，不过可以进行更多的推理，或者以另一种方法进行推理。但是一般性数据不是现实，它只是从现实中抽取出来的一部分，至少是从大多数情形中抽取出来的一部分。为了找到真理，我们应该怎么做？我们应该剥去那些使真实现象看起来复杂而多样的外衣，看看它们有哪些共同点。虽然这种分析完成后形成的结果并没有表现出任何真实的事物，与现实中的复杂现象看起来并不完全一致，但是我们可以从这样的分析结果中建立起理论和规律，也可以验证展现在我们眼前的所有已经完成的事实。毫无疑问，这种理论、这种规律就是科学真理。"——M. A. E. Cherbuliez ，"Précis de la Science Économique，" Tome I. pp. 10，11.

19. "Introductory Lecture on Political Economy，" 1852，p. 63.

20. "如果你以采取贸易管制制度的一些国家取得了一定程度的繁荣，而采取大规模自由贸易的国家反而处于经济发展的低级阶段为理由攻击自由贸易理论，那么这注定是毫无根据的，也注定是不可能成功的。我们要告诉你，经济繁荣是很多原因综合作用的结果，在这些原因中，有可能一些原因的作用比自由贸易更强大。你所攻击的这一理论不应该用这些术语进行解释，各国经济发展都会在一定程度上得益于自由贸易的发展，反对者无法否认自由贸易比贸易管制更有利于一国经济的发展，因为他们所宣称的事实并不能为其提供佐证。事实只能证明：一方面，经济发展是一个复杂的现象；另一方面，在你所引证的那些自由贸易对经济增长不起作用的国家中，这一原理的作用效果只是被其他的原因抵消了，比如恶劣的地理气候"——"Précis de la Science Économique，"Tome I.pp. 13，14.

21. 詹宁斯先生在《政治经济学的自然要素》("Natural Elements of Political Economy"，p. 4)中以下面的方式批驳对经济理论的这一辩护："现在应该这样对待持怀疑态度的学者，保证教给他们的政治经济学理论即使是不

正确的，也会向正确的方向发展；告诉他们即使在抽象意义上看是不完美的，在具体意义上也会是完美的；干扰因素的影响总是会存在。”

我不知道是不是应该对上文中已经给出的答案做出进一步的解释，也就是说，无论这种反对意见是否有价值，它都应该同样适用于所有的科学，而无论该类科学是否已经达到了演绎阶段。一个动态的规律应该无论从何种意义上说都是正确的，而不能仅仅表达为影响事物发展的“一种趋势”。

在任何特定情形中，无论原理所要得到的结果是否依赖其他条件保持不变这一必要条件，以及这一条件是否实现，在每一个科学分支中，这都被暗示出来了。因此，干扰因素的影响在政治学和心理学中所引起的关注要比它们在物质科学中所引起的关注多这一现象就充分地显现出来了。

在那些以观察为基础的物质科学中，如天文学，它的原理数量有限，而且特征明确；而在那些我们可以借助实验的物质科学中，比如化学，它的原理不仅数量庞大而且内容复杂。在前一类（或者几乎是前一类）科学中，影响结论的所有（或者几乎是所有）干扰因素都是已知的，其影响也是可以计算的；在后一类科学中，所有不必要的干扰因素都是可以剔除的。但是在心理学或政治学中，我们要处理人类的利益和情感，在任何特定时点，在任何特定社会中，这些因素都是无穷尽的。心理学或政治学被排除在实验之外，因为我们无法事先准备出那种保持所有其他要素都不变的实验条件。

22. 参见穆勒的“System of Logic”，book iii. chap. x. § 5。

23. “System of Logic,” book iii. chap. ii. § 1.

24. “Preliminary Discourse on Natural Philosophy.”

25. 参见穆勒的“Logic”，book iii. chap. x。

26. 这里说的就是基本规律的发现。正如穆勒先生所阐述的，即使根据最严格的条件进行实验，也不能从简单的归纳方法中得到具有复杂效应的规律。——“Logic,” book iii. chaps.，x. and xi.

27. 参见“System of Logic,” book iii. chap. x. § 8；并参见同一著作的

book vi. chap. vii 关于这一问题更全面的讨论。

28. “De Aug. Scien.,” lib. v, cap. iv.

29. Whewell's “History of the Inductive Sciences,”vol. ii. p. 26.

30. “History of the Inductive Sciences,”book vi. chaps. iii. - vi.

31. 出处同上,book vii. chap. ii。

32. 参见“History of the Inductive Sciences,”vol. ii. p. 195。

33. “Principles of Political Economy, ”vol. ii. p. 18. Sixth Edition.

34. Ricardo's Works, McCulloch's edition, p. 77.

35. 参阅附录 C。

36. “例如,恩克(Encke)教授对彗星的返回连续多次的预测以及在其任何可见的轨道周期内对彗星观测地点的计算,使得我们认为太阳和行星的引力是解释彗星围绕其轨道运行这一现象唯一、充分的原因。但是,当这一原因的效果经过严格计算,并不考虑所观察的运动对该原因的影响时,我们发现了其背后的残留现象——如果不这样做我们根本无法知道会存在这种残留现象,这种残留现象只是对彗星返回时间稍微有一点滞后或者是彗星运行周期稍有一点缩减产生影响,它不能用重力来解释,所以就要研究到底是什么原因引起了这一现象。这一微小的滞后可能是太空中存在的介质的阻力引起的,而且其他合理的理由也证明了这是残留现象存在的真正原因,所以这种阻力就是残留现象产生的原因。”——“Herschel's Natural Philosophy,” p. 156.

37. 从某种程度上说,这种错觉的确普遍存在。著名的黄金委员会在 1810 年的一篇虽然不完美但令人钦佩的报告中指出,他们发现纸币流通数量在当时大幅增加,并且从其他分析中得出结论认为纸币过剩。他们并没有经过研究就想当然地认为,“所有商品的价格必将提高”(《报告》第 11 页)。虽然我也没有研究(一是因为没有人针对这一点专门进行调查;二是因为即使他们调查了,可以肯定,他们也不会找到与他们的假设完全相反的事实),

但我认为，1809 年和 1810 年发生的过度投机和整个市场极度萧条的状况已经对此做出了反应。——“Herschel's Natural Philosophy，”p. 156.赫斯基森（Huskisson）先生在他的《要阐述的问题》（Question，etc.，Stated）一书中也做出了同样的假设。

38. 人们不会认为，“在其他条件不变的情况下，货币价值与其数量成反比”这一观点与基本的政治经济学规律存在矛盾。这一观点与其他所有政治经济学的规律一样，都是建立在同样的心理事实和物质事实基础之上的。它一定会成为货币理论中的一条基本原理。它只是说明，在实际的情形中，“其他条件保持不变”这一条件不可能被满足。令人怀疑的事实不符合经济规律与初学者会认为一个复杂的力学现象不符合基本力学规律是一样的。一枚金币从高空中落到地面上的速度快于羽毛，但是没有人会因为这个缘故否认重力加速度对所有物体都是一样的这一理论。

39. 参见图克的“History of Prices”，vol. iv. chap. ii. section 2。

40. 当我们说生产农产品的成本决定其价值时，读者应该明白，我指的总是以最高花费种植的农产品的那部分成本。

41. 麦克劳德先生坚持认为（“Theory and Practice of Banking，”vol. i. p. 13），不是生产成本调节农产品的价值，而是农产品的价值调节生产成本。毫无疑问，对于农产品来讲，产品价值或价格上涨（假设货币价值不变）通常会紧随生产成本的增加而发生。另一方面，制造业中商品的价格上涨一般会导致成本下降；这只能说明价格调节生产成本对于农产品来讲是合理的，而对于制造业商品来讲却并非如此。价格真正调节的是所生产产品的数量。价格比通常水平高一般是表明供给不足，进而会导致生产增加。对于农产品生产来讲，我们恰好看到的是，在较低的产量下所需的成本相应也较低，在农业中除了通过最肥沃的土地实现这一点之外并无他法；因此，价格上涨导致产量增加，随之而来的一般就是成本增加。另一方面，对于制造业商品来讲，生产规模越大，生产成本一般相应越低，因为制造业更多地使用机器和劳动分工;相应地,在这种情形中,价格提高会导致生产规模扩大,随之而来的就是成本降低。

显然,无论在哪一种情形中,成本都不是由价格来调节,而是由所要求的产量以及生产产品所需要的物质条件和设备条件来调节。另一方面,可以肯定的是,在这两种情形中,成本都是价格的调节者,因为无论在何种产量下的成本(不管扩大产量引起了成本提高还是降低),都总是围绕价值这一点而上下波动。

麦克劳德先生认为,生产成本调节价格这一理论意味着"以巨大成本生产产品如果能够坚持得足够长久,最终会使价格提高"。当然,麦克劳德先生所指的是在没有报酬的价格水平下"坚持得足够长久"(因为如果价格是由报酬决定的,它就一定会是生产成本的一定比例,那么就没什么可争议的了),但是这种情形在经济中是不可能存在的。李嘉图的所有推理——事实上,我所看到的除了麦克劳德先生以外所有经济学家的推理——都是建立在"生产的动机是利己主义"这一前提假设的基础之上的。因此,一个假设没有足够报酬(也就是没有足够动机)而仍然"坚持生产"的情形是不包括在政治经济学研究的范畴之内的。在某些假定情形中,生产成本的确不一定调节产品价值,供给和需求也不调节产品价值,当然也想象不出其他什么原理能够调节产品价值。简言之,"价值"这个词将不再有任何意义,因为从利己主义的意义上所称的"交换"将不复存在。

42."Wealth of Nations,"McCulloch's ed., 1850, p.7.

43. "Wealth of Nations,"McCulloch's ed., 1850, p.190.

44. "Wealth of Nations,"p.200.

45. "Natural Philosophy,"p.123.

46. 这种说法或许可以扩展到一般意义上的所有有机科学。例如,有机科学发展的规律表明了一般性趋势,它们绝不是通过一般性的术语就能够形成的。参见"Habit and Intelligence," by J. J. Murphy, vol. i. pp. 201,

202，212。

47. 麦克劳德先生认为，货币学（他似乎认为货币学与政治经济学几乎等价或相似）是一门“精确科学”。在《银行理论与实务》一书的导论（“Theory and Practice of Banking，”vol. ii. p. 25）中，他这样写道：“这些原理准确无误（它们是完全正确的）地运行——人类的天性毫无疑问与运动理论一样都是恒定不变、普遍适用的。这一点使得货币学能够成为精确的科学或成为归纳科学这一类。也正是这一点使得它能够像力学那样以确定的、可靠的、永存的基础得以建立。与所有其他的政治类科学不同，政治经济学的现象可以用其他自然规律准确无误地表示出来。”麦克劳德先生似乎把“确定性科学”与精确科学混淆了。一种科学要称为“精确科学”，它的前提假设不仅必须是“普遍适用和恒定不变的”，而且必须能够用精确的数值表示出来。如果麦克劳德先生能够证明在目前的情形中这两个条件（即人类天性的特征是已知的，并且人类天性的力量也是像重力一样能够衡量的）都能够满足，那么，他就能够建立起政治经济学作为“精确科学”的基础。

詹宁斯先生在《政治经济学的自然要素》一书中似乎也持有同样的观点。他说：“尽管我们的交换媒介通过人性原理来运行，但是它们由金属铸币（货币）的分数或倍数构成，能够像任何纯粹的物理规律的媒介一样，帮助完成准确的计算过程。已经观察到的这些原理的结果可以用数字表示，这些原理运行的未来结果也可以用数字表示，这种关系就像数量和价值的关系一样。价值和产量可以用公式表示出来，并可以用代数和导数的不同方法进行分析。”（pp. 259 - 260）

毫无疑问，当经济结果已经存在时，它们可以用数字表示，但是我认为，要构成“精确科学”的要求远不止这些。虽然詹宁斯先生还补充说，“其原理运行的预期结果也应该用数字表示”，但问题是，我们拥有的这种数据能保证我们接受所得到的结果是可信的吗？能保证我们计算的结果是“精确意义上”正确而不是“一般意义上”正确吗？让我们别再纠缠于一般术语，来举个具体的例子吧，比方说玉米价格的确定。考虑这个例子中要得到“精确的”玉米价格需要哪些必要条件，下面的内容摘自图克先生的《价格史》：“但是，进一步说，假设种植中的和库存的玉米数量的精确数据都可以从政府数据中得到，玉米市场中玉米的价格仍然存在巨大的不确定性，除非从国外运来的玉米数量也能够被精确地了解。而且，即使所有这些玉米实际的和未来的供给数量政府都可以掌握，仍然存在另一种影响价格的因素，也是会导致价格波动的原因，那就是玉米的买方和卖方头脑中的预期想法也会影响下一个种植期间内玉米的产量。从播种开始到玉米收割，天气的不确定性也会对玉米市场产生影响，这也是不同季节玉米价格波动的原因。在提供的所有农业统计数据中，正在生长的玉米的状况也是政府定期要求的必要信息之一。”

“以上这些以及其他一些重要程度不等的不确定因素，是来自于供给方面的不确定性引起价格波动的重要原因。但是，为了讨论的方便，假设供给方面的统计数据是完美的，那么需求方面仍然存在不确定性。”“正如我已经阐述过的原因，消费的变动规模要小于供给的变动规模，但是市场上的需求有时会对价格产生短暂但相当可观的影响，比如1854年秋天发生的情况，磨坊主和面包师在没有玉米时试图囤积一些玉米。这可能会给法国或其他欧洲大陆国家带来一部分出口需求。国家采集的供给信息怎么可能包括这种需求的统计数据呢？但是即使要求这种极端的、过度的假设，即所有不确定的因素都可以由政府出版的统计数据和其他信息来解释，我们仍然无法解决玉米的价格究竟是多少这个问题。而且，我斗胆说，这终究是一个无解的问题。”——Vol. v.pp. 88, 89.

为了使政治经济学的问题能够被“精确”处理，它不仅要求“追求财富的人性原理运行所依赖的媒介”能够被量化，而且要求这些原理本身以及这些原理运行所要求的前提条件也必须能够被精确地、量化地阐述出来。如果“当量比例定律”没有被发现，那么即使是最完美的称重和测量系统也不会使化学成为一门“精确科学”。孔德先生在《实证哲学》(“Philosophie Positive,”

tome iv. pp. 512, 513)一书中也有同样意思的阐述。孔德先生认为,力图使用数学公式来研究社会次序,“哲学注定无能为力”。

48. 格雷戈里·金的表格如下:

供给量短缺的幅度	价格提高的幅度
0.1	0.3
0.2	0.8
0.3	1.6
0.4	2.8
0.5	4.5

图克先生对此评论道:“由玉米供给短缺引起价格提高的程度推导出这么严格的规律可能并不精确,同时通过对英国的玉米价格从 100 增长到 200 以上这一事实的反复观察,我们也有理由认为这种估计并没有反映更广泛的事实,当时计算的玉米的最大短缺量不会低于平均状况下的 1/6—1/3,而且当时的短缺量都通过进口的玉米供给而缓解了。”——“History of Prices,” vol. i. p. 13.

49. 约翰·赫歇尔爵士说:“在这个例子中,当我们继续向上推理到达最终事实时,我们认为现象已经被完全解释清楚了;这正如我们考察一棵树的树枝末端时,我们会一直追踪到它插入树干的部分,或者是嫩枝与这个树枝相连接处;这也正如我们看到小溪会保持它的名称和存在直至它消失在更大的河流支流中,或者消失在干流中以汇入大海。但是,这并不意味着,在重新考虑这一情形时,我们总能清楚地看到,得到承认的事实以及所有相关的规律将会使每一个特殊的情况能够被完美地解释。”——“Natural Philosophy,” p.163.

50. 参见图克的“History of Prices”, vol. v. part i. sec. 29,其中对这一问题有十分充分且令人满意的讨论。

51. 1856 年 12 月 13 日。

52. 就好像是为了修正经济原理依赖统计数据这一流行的观点一样，作者在《观察家》(*Examiner*)的文章中颠倒了这一程序，力图通过经济原理或通过从经济原理中提取的能够用统计数据验证的重要事实进行推理。在我已经引用的那篇文章中，他力图用这种方法证明由于澳大利亚和加利福尼亚地区发现了白银，世界上白银储量的价值已经增长到1.1875亿英镑。他的观点如下：

黄金价值在过去九年增长了1.25亿英镑，但是相对于黄金而言，白银在同一时期仅增长了5%；因此，白银储量的增加应该是同样的数量(比如1.25亿英镑)减去5%，即1.1875亿英镑，可以进一步解释说，白银价格的提高就是作为“其产量的溢价”而出现的。显然，这一观点隐含的假设是，两种金属的相对数量总是与其价值同方向变动；但是根据这一假设，白银储量的增长应该大大高于《观察家》的那篇文章中估计的数值，因为据估计，在加利福尼亚已经发现了白银的1848年，其储量应该至少比黄金的储量多一半。这样的话，如果它们的相对价值反映它们类似的相对数量，而不是比原来已有的白银储量增加1.1875亿英镑，我们应该拥有额外的1.78125亿白银，或者自1818年以后白银的平均年产量应该为0.22亿英镑。

但是，在文章的下一处，贵金属之间数量与价值的固定关系这一假设与文章试图建立的原理(即黄金产量的增加并不影响其价值)完全背道而驰。作者通过把假设白银价值由其数量调节作为出发点，着手证明黄金数量对其价值没有影响。他告诉我们，尽管其数量增加，但黄金价值并没有下降。然后，文章指出，随着黄金数量的增加，白银数量一定也已经增加，否则，白银价值将不会随着黄金价值下降。

如果作者能够不怕麻烦地指出文章主题所需要的统计数据，他可能已经发现我们质疑其观点正确性的原因了。如果读者愿意看看图克的《价格史》第六卷的附录二十六，就会找到过去八年中不同生产国的白银出口回报率，以及从这些资料或其他资料中得到的同一时期白银年产量的估计数字等简明扼要的数据。根据舍尔比利埃先生的估计，白银的年产量在1848年为872万英镑，根据纽马奇（Newmarch）先生的观点，依据他给出的统计数据，白银现在的年产量已经增长到1,200万英镑——比上一年白银的供给量增长了37%，而同一时期黄金的年供给量已经增长了300%。

53. 再从《经济学人》(June 20th, 1857, p. 682)中举另外一个学者们认为满意的对经济学问题的这种"解决方案"的例子。在这个例子中，作者力图解释调节贵金属分配的原理："从社会发展之初开始，在所有国家中，人们都使用金和银作为货币。实际上，它们被有些学者称为天然货币。如果这一称呼是对它们的正确描述，那么它们就必须根据自然规律来分配，一个国家不能比另一个国家占有更多的金银，就好像任何人都不可能拥有比别人更多的空气一样。一般来说，欧洲所处的文明化程度使黄金成为制造铸币的最便利金属，亚洲所处的文明化程度使白银成为制造铸币的最便利金属。欧洲不可能拥有所有的黄金，亚洲也不可能拥有所有的白银。这种贪婪会在旧有的财富规律作用下把人们引入歧途，但这种想把上苍给予地球上所有国家的全部金银占为己有的欲望是不可能得到满足的，所以我们看到大量新供给的金银被比较公平地分配到各地。黄金从美国和澳大利亚进入欧洲；白银取代黄金，从欧洲转移到了亚洲，进入印度和中国。天然货币的扩散无处不在。因此，由于上苍的恩赐，社会上最有用的物质从两种不同渠道沿着不同的方向分配到全球各地。人类是实施这一分配的使者，但他并没有意识到这将产生的全部影响。"

观察这一段的推理过程：金银在所有国家被当作货币来使用，它们被称为天然货币；（假设作者给予的这一命名是正确的）因此，它们一定是按自然规律被分配；所以一个国家不能比另一个国家占有更多的金银。现在，摆在首位的是，金银是否依据自然规律进行分配，这不能仅仅依赖于它们是否是"天然货币"。例如，信用纸币从来没有被称为"天然货币"，尽管它像金银一样被自然规律调节。如果情况不是如此，那么试图调节纸币流通量的行为就是荒谬的。只要到目前为止，它们是被我们已知的规律所调节的，也就是说，只要到目前为止我们知道从特定的原因出发会紧跟着产生什么样的特定结果，我们就能够认为我们是可以控制它们的。

其次，有人认为，因为金银是按自然规律分配的，所以“一个国家不能比另一个国家拥有的更多，就好像任何人都不可能拥有比别人更多的空气一样”。但是，首先，很难看到自然规律与受这些规律支配的平均分配的商品之间的联系是什么。其次，一个国家不能比另一个国家拥有更多金银的观点也是不对的。事实上，这个观点是如此之不正确，以至于我们很难理解作者为什么会得出这样的论断。那么，怎么理解他说的一个国家不能拥有比另一个国家更多的金银呢？他的意思是说每个国家得到的金银份额与其人口成比例，还是与其贸易额成比例？无论从哪种意义上看，这个说法也不会比前一种说法更正确。英国的贸易额比法国的贸易额高很多，但是法国的金银数量大大超过英国。印度相对于其贸易额而言占有的金银数量，更是大大超过英国和法国。金银数量与人口数量的关系，同它们与贸易的关系一样，也不是固定的。有人会说金银在世界上不同国家之间进行分配是依据各国对它们的需求，这意味着什么？这可能是正确的，但是根据分配实际发生的状况对经济学理论做出这样的解释，表明说话者并不理解经济问题的解决方案到底应该包含什么内容。采纳自己阐述的观点，就好像一个人被问到空气根据什么原理在地球上进行分配时，他回答说根据空气的压力程度。在这种情形中我们想知道的是，什么样的条件会产生压力使得大气在其作用下会四处飘散；在前一种情形中，我们想知道的是哪些必要条件决定金银的分配——简言之，我们想知道，哪个人性原理在外部事实的作用下，产生了我们看到的结果。

接下来，关于一般的贵金属（即关于金银这两种金属），我们被告知白银进入亚洲，而黄金留在欧洲，因为“欧洲所处的文明化程度使得黄金作为铸币更便利，而亚洲所处的文明化程度使得白银作为铸币更便利”。现在可以肯

定的是，欧洲和亚洲的相对文明在过去的十年中没有发生重大的变化，同时，我需要补充的是，美国也同样没有发生很大变化。如果该原理正确的话，在欧洲白银很久以前就应该被取代；而且，美国的“文明化程度”也同样领先于东方国家，白银在那里不应该成为主要的流通货币。但事实却是，一直到近期，白银一直是法国和美国的主要流通货币。而且尽管法国和美国的“文明化程度”一直稳定发展，但是其当局仍然把白银作为流通货币。

如果这一段话的作者能够对政治经济学要实现的目标——把财富现象追踪到已知的人性动机和已知的外部事实——有一个清晰的概念，那么他就不会对我引用的这一段话的解释感到满意——这种解释不仅用词含糊，而且推理松散，它更像是学者幼稚的自负和语言上的吹毛求疵，而不是现代科学所要求的思想的严谨与精确。

54. “Habit and Intelligence,”by J. J. Murphy, vol. i. p. 165.

55. “Logic,” book iv. chap. vi. § 6.

56. 出处同上，book iv. chap. vi。

57. 下面选取布朗基（Blanqui）的《政治经济学史》（“Histoire de l’Économie Politique”）一书中的一段话，可以作为马尔萨斯批评者的观点的一个例子：“马尔萨斯选择美国人口每二十五年能够翻一番的例子并没有说服力，因为根据戈德温（Godwin）先生的研究，瑞典的人口每一百年才能翻一番。社会关系并不是在每个固定的期间都会运行得很好，就像星座和季节等事物的变换一样。”

58. 有人反对这一点而极力主张，无论作为一个抽象的命题这一陈述如何正确，对于世界真实的状态——不仅在世界上最发达国家的最先进的农业系统中，而且在美国、新西兰和其他文明化正在发展的国家的大片区域中，食物供给量都在不断增长——来说这一观点的实践意义都会随着时间的推移而不断消退。曼斯菲尔德（Mansfield）在《弗雷泽杂志》（*Fraser’s Magazine*，1856 年 11 月）上发表了一篇名为“巴拉圭、巴西和普拉特”（“Paraguay, Bra-

zil, and the Platte")的评论,作者在对马尔萨斯的观点做出一番异乎寻常的错误阐述后,提出了这样的反对意见:"这本书的作者站在我们面前:他在尚未确定地球未来的样子如何之前,就费力地想找出它的容量和能力是多少,然后武断地指出地球居民的未来命运。而那些坐视不理、苦笑不已、真正的实用主义者,例如旅行家、地理学家和科学实验者,他们以一种从未有过的惊讶问道,'这种针对地图上的名字或通常意义上的名称高声争吵有什么意义?任何人有什么权利在大片土地没有从野生动物和狩猎者手中解放出来的时候武断地指出人类的未来?如果科学化农业的成本太高,那么是否存在足够的土地可以以非科学化的、低廉的成本进行耕作来支撑数倍于目前规模的人口?最重要的问题是,是否有某个权宜之计,可使得英国能够通过合算的资本投入,使每英亩生产出 33 蒲式耳小麦,而不是 31 蒲式耳小麦?得克萨斯州的擅自入侵者们两手空空没有任何资本,他们能使每英亩土地产出 80 蒲式耳小麦吗?'你关于'边际生产力'的论文是非常有趣的、引人好奇的,在老牌国家中也极有可能是正确的、有价值的,但是在其他国家可能并非如此。对于人是否要生活下去,甚至是否应该出生这一问题,能否真的由有限土地上生产出的食物所决定?那么,渥太华河谷种植的谷物足以供应整个英格兰吗?密西西比河谷是否可以供应整个欧洲?现在的澳大利亚是一个森林国度,极少有人居住,是不是有一天它会成为世界的葡萄园?现在新西兰和福克兰群岛依然是荒地;波利尼西亚可能成为新世界的希腊,难道它会比荒地更糟糕吗?内布拉斯加这一个地方不就能够支撑数量相当于法国和西班牙总和的人口吗?热带地区不就几乎是自发地生产最有价值的食物,但几乎忽略了原本专门种植的棉花和糖吗?最后(问问曼斯菲尔德先生的书),南美洲自身领土面积大约 8 亿平方英里,至少气候与埃及差不多,土地肥沃程度超过英国,而且易于进入;只要利用其丰富的河流资源以及无与伦比的天然交通,再加上'它的足以推动世界上所有的磨坊运转的水力资源','无需它法,只需要人类就能把它变成世界花园吗?'"

到处都是旅行家啊！刚才引用的这一段为我们提供了一类人对于马尔萨斯所提出的问题的看法；另一方面，冯·洪堡在他的《论新西班牙》（“Essay on New Spain”，vol. i. p.107）一书中，把马尔萨斯的著作称为“政治经济学有史以来最深刻的作品之一”。但是提及评论家的争论时，他说：

我们可以看到，反对意见是一个纯粹的实用性观点。它并没有否认“人口的增长往往快于生活资料的增长这一趋势”，也没有否认，地球上的食物数量无论增长多快，人口数量最终可能都会超过它，或者趋向于超过它。但是对我们现在活着的人来说，到底何时我们才能使新世界中无尽的资源真正为我们所用？答案是——实用性的答案是——对于我们来说，无论这些资源有多么广阔，任何资源在实际中都无法为我们所利用。问题的关键不在于是否存在物质或精神上的绝对的或不可逾越的障碍，不在于是否存在仅由偏见或无知导致的结果，而在于只要它们能够有效阻止上述国家的土地耕作，那么这些土地或资源就不能被我们支配。只要实际状况的确如此，从所有实用的目的来看，这些国家对我们来说就不存在：它们与月球上的国家一样，我们都不能指望它们来支撑人口生存。然而，事实上，因为渥太华河谷能够种植足够的谷物以供应整个英格兰，尽管我们认为它并没有这么做，也没有要这么做的任何迹象，但是“真正的实用主义”评论家却坚持这个观点；他们认为抑制人口增长是极度荒谬的，认为所有持这样观点的人都是梦想家和疯子！

例如，每周挣九先令工资的多塞特郡的工人们对待婚姻是犹豫的。理性的马尔萨斯建议他等一段时间，直到他储蓄的钱足够支撑妻子和家庭的开销后再结婚。而“真正的实用主义”评论家会告诉他，为什么要犹豫呢？难道渥太华河谷种植的谷物不足以供应整个英格兰吗？

地球能够为人们生产巨量粮食的能力并没有被马尔萨斯忽略，而且目前据我所知，它也没有被接受马尔萨斯理论的人忽略，所以也没有任何理由认为大师及其追随者们低估了利用这些能力的重要性。但是，他们极力主张这些能力的存在不能成为反对抑制人口增长的理由；因为，无论这些资源的范围有多大,开发它们必须耗费时间,实际上人口增长总是能与这一过程完全保持一致。人类对自己生长的土地有本能的偏好,尽管也垂涎其他的地区,但是资本向新国家移动的延迟、新国家原有的无知、懒散和野蛮的人种,使得向这样的地区引入系统化的工业变得更加复杂和缓慢。印度的大部分地区已经被英国统治了一个世纪,然而我们知道,如果没有政府的保证,在那里吸引投资会有多么困难;尽管印度那些无限的资源已经被人们写入书中,或被经常提及,当地的土壤和气候是多么适合生产英国当前迫切需要的物质,但这并没有使这些优势转化为切实的投资。曼彻斯特的棉纺厂厂主怎么会毫不犹豫地就考虑在那里设立新工厂和新机器的建议呢?因为,尽管目前的棉供应量还非常短缺,但德干高原还需半个多世纪才能生产出他需要的产品。然而,致力于思考人类生存的现时问题的评论家却给出了相似的建议,并认为自己拥有卓越的智慧。

关于刚才提到的另外一个观点 ,即使是针对老牌国家中的生活资料的大规模增长的可能性,这样的观点也适用。

事实是毋庸置疑的,的确没有更多的食物被种植出来。如果要问为什么会这样,答案是因为在目前的农业技术水平下,增加粮食产量必然会使农民的利润下降。如果继续追问产生这一必然结果的理由是什么,研究者可能会提及“土地生产力下降”这一不可逾越的障碍,正是这一点使所有反对马尔萨斯的观点和争论最终动摇。

59. 我之所以认为它是“发现”,是因为虽然马尔萨斯理论所依据的基本事实在以前确实也常常被人们所关注〔例如,在麦克弗森(McPherson)于1590年出版的《商业年鉴》(“Annals of Commerce”)中,他引用了皮埃蒙特·杰苏伊特·乔瓦尼·波特罗(Piedmontese Jesuit Giovanni Botero)的著作《探讨伟大城市的成因》(“On the Causes of the Greatness of Cities”)中的一段话,在这部书中作者提出了问题:“曾经发展壮大的城市不再按比例继续增长扩大的原因是什么?”并且他给出了马尔萨斯式的答案〕,但是直到马尔萨斯的著作问世前，关于人类利益的承载力和重要性的问题都未得到人们足够的重视。他是第一个呼吁每一位研究者要注意这一事实所涉及的巨大影响的人，以前人们只是偶尔注意到某些情形，但没有理解它的全部意义。我可以看到的是，这几乎是社会研究领域中所有发现的特征，从某种程度上说，这也是自然科学领域内发现的特征。例如，构成达尔文物种起源理论基础的那些事实在之前不仅已被人们经常注意，而且也已经被饲养员和其他人像达尔文那样系统地呈现出来了——事实上，这些都构成了这一理论的基础。但是，没有人会说这削弱了达尔文的发现的原创性。

60. 约翰逊博士认为，“移民对人类的幸福有害，因为它使人类奔走扩散”。迪恩·塔克(Dean Tucker)是在美国独立战争期间支持美国独立的为数不多的英国人之一，他支持美国独立的主要理由就是阻止移民。请见他的“Tracts”, p. 206。

61. 我们并不能从上面所说的话中得出下面的结论：人口数量不足或人口增长缓慢是国家繁荣的证据；或者相反，人口数量众多或人口增长迅速是国家繁荣的要求。后者正是几乎所有反对马尔萨斯的学者都不可避免地声称或暗示的观点。例如，里卡兹先生认为，“马尔萨斯先生及其他这一学派的信徒一致认同相对于食物而言的潜在人口压力会在人口稠密的地区与食物同比例地增长”；在给出了世界上一些主要国家每平方英里的人口数量之后，对比结果表明人口密度最大的国家是英国。他还补充道：“因此，根据这里提到的理论，英国应该是过剩人口压力最大的国家。”——“Population and Capital,”pp. 117, 118.

显然，马尔萨斯的理论并不会得出这样的结论，该理论指的是人口与食物之间存在的相对关系，它并没有论述二者之间任何的绝对数量关系。但是，里卡兹的阐述并不是简单的、没有依据的推论：它完全是对马尔萨斯理论的错误阐述，因为它把马尔萨斯拒不承认的观点转嫁给他。例如，“认为我是人口增长的敌人的观点完全是一种误解。我只是邪恶和苦难的敌人，因此，我是造就了这些恶魔的人口和食物之间令人失望的比例关系的敌人。但是这一令人失望的比例关系与一个国家应该有的绝对人口数量并没有必然联系。相反，我们在人烟稀少的国家比在那些人口稠密的国家更常发现这一比例关系……在渴望伟大而高效的人口方面，我与那些人口增长的拥护者并无二致。我完全同意一些老学者的观点，衡量国家实力的指标，不是领土的范围，而是人口的多寡。我与他们观点的差异在于如何得到精力充沛且高效的人口，因为存在这种差异，我认为我自己的观点完全来自于经验，来自于对所有人口推论的检验”。通过考虑如何在特定情形中运用它们，我们可能更能搞清楚马尔萨斯的观点与马尔萨斯反对者的观点在实践中会带来的不同结果。

法国人口的稳定状态，近来成为众多评论的主题，它极有可能被两个学派拿来作为法国的社会状况存在问题的证据。但是马尔萨斯反对者一方认为这是疾病的源头；而马尔萨斯支持者一方认为它只是疾病的一种症状，随着症状消失，身体失调就会缓解。根据前一派的观点，治愈这一社会弊病的合适的药方是通过向人口多的家庭提供奖励，或者通过由国家为他们承担一些责任来鼓励人口增长。我并不是说任何人现在就要郑重地推荐这一政策，但是我认为，这是来自反马尔萨斯理论的一种合理的结论。直到 18 世纪末期，人们普遍认为这是可以接受的，而且就是这样做的。如果同样的政策仍然没有公开提出，那么这是因为马尔萨斯的著作已经对那些否认其学说的人产生了影响。

另一方面，马尔萨斯主义者认为法国人口的稳定状态是其社会弊病缓解的征象。的确，人口不增长本身就是一种病态——不管怎么说，它都意味着，人类的幸福没有实现；但是还好，人口增长没有超过贫困和苦难的增长。因此，马尔萨斯主义者会考虑法国的物质资源将如何扩大以及它们如何支持人口增加；但他会小心翼翼地避开对人口增长进行刺激，因为他知道，由于该原理的自发力量，无论资源如何扩张，人口将至少以与可获得的资源同样快的速度增长。相反，他会小心地增加而不是削弱，甚至会强化那些目前存在的节育措施。如果在这方面能够获得愉悦，即使不是立即获得，他们也会认为这种愉悦是对未来的罪恶的充分补偿。

62. 参见劳森（Lawson）的《政治经济学讲义》（“Lectures on Political Economy”）和莱恩（Laing）的《旅行欧洲》（“Travels in Europe”）chap.iii。

63. “Population and Capital,”pp. 68－70，73，75.

64. 事实上，里卡兹先生在另一处以这样的方式阐述了这一问题：“现在，完全相同的假设——土地生产力递减与相比较而言的人口繁衍能力非递减——构成了马尔萨斯理论的基础。”——“Population and Capital,”p. 127.

65. “要完全解决这个问题，要列举迄今为止所有仍影响人类进步的原因，这远远超越了个人的能力。现在这篇文章的首要目的是研究那个与人类本性联系最紧密的原因的影响；尽管这一原因在人类社会伊始就持续地、强有力地发挥着作用，但是它却几乎没有受到一直研究这一问题的学者的关注。”——Malthus，“Essay on Population,”p. 2. ed. 1807.

66. 第 115 页。

67. 第 204 页。

68. 第 186 页。

69. 坎布里奇·唐（Cambridge Don）说：“‘无论上帝把时间带到了哪里，它都会找到必要的钱财来养活它们’，这一理论的世俗形式是你应该结婚，因为你的亲人不会让你忍饥挨饿。”

70. 很可能发生的情形是，土地的租金被认为等同于土地所有者因为投资于购买土地或改良土地而得到的利息。只要租户支付的租金是土地改良的结果，那么毫无疑问这种情形与房屋租金的情形类似，土地所有者获得的改良土地意义上的租金就应该被看作是他投入的资本的回报。但是，对于土地改良以外的剩余部分，同样的解释似乎并不合适。租户支付的这一剩余部分，并不是用于购买土地（同样，对于土地改良部分的租金来说，租金增加的部分也不是用于土地改良)，相反，购买土地支付的资金是租金的结果。农民不会因为土地所有者投入资本购买土地而支付租金，而是因为农民愿意支付租金，土地所有者才投资购买土地。如果土地所有者买入土地而别无所求，正如很多人获得土地时所做的那样，农民大概就不会支付租金。另外，如果由于某种原因，农产品价格长期下降，那么租金也会下降，不管土地所有者当初购买土地时支付了多少资金。

71. 考塞尔－塞纳尔(Courcelle－Seneuil)声称真正的租金理论是重农学派所理解的租金理论，并从杜尔哥的著作《关于财富的形成和分配的考察》(*Observations sur le Mémoire de M. de St. Péravy*)一书中引用一段话来表明杜尔哥承认"土地的生产力递减"这一事实。但是，这段话没有以任何方式表明这一事实本身与租金现象有任何联系。因此，我不能同意这样的观点，即对租金问题的解答是这个最杰出的哲学家对经济学所做出的巨大贡献。——参见"Traité d'Economie Politique", par J. G. Courelle Senenil. tome i. pp. 179, 180。

72. 也许可以说，农民在这种情况下不会撤出他的资金，因为他有义务向土地所有者支付租金，所以无论农产品价格如何，他都必须竭力从土地中获取最多。然而我认为，有资金的农民(只有这样推理才能适用)肯定不会做这种事。如果他已经做了赔本的交易，承诺为劣质土地支付租金，以致当前的农产品价格不足以以正常利润补偿其投入的资金，那么他还不如只承担一次损失，让租来的土地荒弃，而把资金转移到其他可以获得正常利润的行业，而不是继续把资金投入到令人伤心的农业上去亏损。实践中，几乎每个租了劣质土地而使耕作无利可图的农民都是这样做的。他只是不再耕种这块儿土地，不再将剩余的资金投入到无利可图的农业耕作中，而是任由这些土地闲置，并将节省出来的资金投入到贸易、铁路股票或其他一些能够获得平均利润的事业中。

73. 人们可能认为阐述得这么清楚的事实至少不会长时间地逃脱"实用

主义者”的关注。下议院的议员以自己的实践知识愤愤不平地报告说，一季小麦的价格只有在 100—105 先令时才能使得农民愿意继续在土地上耕种——低于这个价格就不是一个“有利可图的价格”；正如种植玉米的必要成本是一个固定的数量，无论生长玉米的土地特性如何，也无论需要把土地耕作到哪一点上。另一方面，一位“理论家”〔李嘉图，在他的一篇短文“论农业保护”（“Protection to Agriculture”）中〕发现，玉米不仅在同一国家中而且在同样的土地中都可以以不同的成本种植，因此，“有利可图的价格会随着农业状况的不同而变化”。

74. 物质科学研究中反复出现的“残留现象”总是会产生一个问题：仍然存在一些未解释事实的理论是应该被保留（因为我们假设存在一些当前尚未察觉的原因产生了残留现象），还是应该被完全否认。但是在经济学研究中并不会出现这样的问题。存在这种差别的原因已经在第三讲中阐述过。我们发现，物质科学和经济学的基本原理得以确立所依据的论据存在不同的特征。物质科学的理论所依赖的论据最终难免是这样，即假设它是正确的，用它解释现象；无论如何在物质科学研究中出现的“残留现象”必然会削弱该未能成功解释它的理论，当该理论无法解释数量众多且意义重大的残留现象时，就可能导致对整个理论的全盘否认。另一方面，当我们在研究过程中发现理论能够解释意外出现的事实时，这些物质科学中的理论的正确性总被认为是毋庸置疑的。参见附录 C。但是政治经济学中的基本原理并不是依据这种情境式的论据建立起来的，而是对我们的意识或感觉的直接反映，它们不应该受到我们后续研究本身呈现出来的任何现象的影响（这种现象的证据也包括对我们的意识和感觉的反映，因此它们恰好与那些形成基本原理的意识和感觉一样具有说服力）。而且如果假设推理过程是正确的，以这些意识和感觉为依据的理论也不能受到后来研究中的那些现象的影响。此时，我们没有其他的选择，而只能假设存在干扰因素。例如，呈现在我们面前的是，无论在何种情形下都可以看到租金的存在，但这并不会动摇我们对下列事实的

认可:国家的土地并不是同样肥沃,最优质的土地的生产能力也是有限的;也不会削弱我们对从这些事实中得出的结论的认可:农产品以不同的成本种植出来,而且在人类利益的驱动下,这会导致租金支付给占有较好质量土地的人。

75. "Population and Capital,"pp. 135, 136, 137.

76. 第 141 页。

77. 请参考我的《政治经济学:理论和应用》("Political Economy, Theoretical and Applied")一书中"政治经济学与土地"("Political Economy and Land")一卷关于租金问题的各个方面的论述,特别是关于不同社会环境的影响引起耕种者实际支付的租金与李嘉图的理论所定义的"经济租金"之间存在差异的论述。

78. 摘取下面一段话作为他在没有那么受到科学观点限制时的风格的例子:"有些政治经济学家自认为科学规律不适用于极端情形。这真的只不过是无知的一个特别方便的借口而已!有些观点只能证明持有这些观点的人的能力不足。如果一个建筑师错误地计算了建筑物立柱材料的强度,使建筑物倒塌了,他跑掉并哭诉说,'这是个极端情形,力学规律对它并不适用',那么世人会认为他是个傻子。如果一个工程师技艺较差,他制造的锅炉爆炸了,他说这是一个极端情形,热学规律不适用于它,那世人也会认为他是个傻子。在上面两种情形中,人们会说建筑师和工程师并没有完全掌握自然规律。他们不会说自然规律在能力不行的人面前变得苍白无力。那些认为自己的科学规律在极端情形下不适用的政治经济学家与刚才提到的建筑师和工程师是一样的。这种观点只是他们能力不足和无知的借口。错误理论可能对某一种情形解释得很好,就像一个待机装载的引擎,它的活塞弯曲了,车轮和曲柄都出了故障,但要测试发动机是否能顺利工作,必须让它处于工作状态才能检测出它是否好用。对于一个理论来说也是同样的道理。必须让它运行——它必须处于工作状态——才行。如果理论是正确的,就像运转良好的发动机一样，它会顺畅地运行下去，它能解释该学科中的所有现象；如果理论是不正确的，就像运转糟糕的发动机一样，它会爆裂、解体、支离破碎。”

“麦考利(Macaulay)先生已经用更强的技能和更好的效果阐述了同样的观点。”等等。

图书在版编目(CIP)数据

政治经济学的特征与逻辑方法/(英)约翰·埃利奥特·凯尔恩斯著;刘璐译.—北京:商务印书馆,2024
(汉译世界学术名著丛书:120年纪念版:珍藏本:增订本)
ISBN 978-7-100-23815-1

Ⅰ.①政… Ⅱ.①约…②刘… Ⅲ.①政治经济学—研究 Ⅳ.①F0

中国国家版本馆 CIP 数据核字(2024)第 078643 号

权利保留,侵权必究。

汉译世界学术名著丛书
(120 年纪念版·珍藏本·增订本)
政治经济学的特征与逻辑方法
〔英〕约翰·埃利奥特·凯尔恩斯 著
刘璐 译

商 务 印 书 馆 出 版
(北京王府井大街 36 号 邮政编码 100710)
商 务 印 书 馆 发 行
北京新华印刷有限公司印刷
ISBN 978-7-100-23815-1

2024 年 5 月第 1 版 开本 710×1000 1/16
2024 年 5 月北京第 1 次印刷 印张 12¼
定价:66.00 元